AF370904

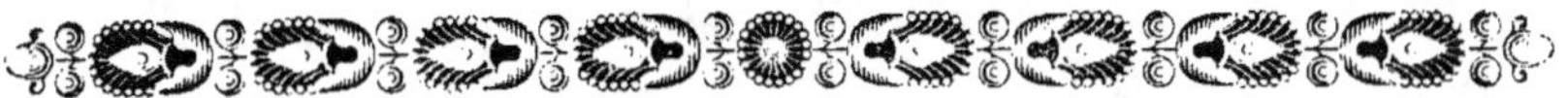

LA BELLE-SOEUR,

DRAME EN DEUX ACTES,

PAR

MM. PAUL DUPORT ET LAURENCIN;

Représenté pour la première fois, à Paris, sur le théâtre du Gymnase Dramatique,
le 3 juillet 1838.

DISTRIBUTION DE LA PIÈCE :

Édouard DE RÉVANNES.................... M. Saint-Aubin.
DAUPRAT, médecin..................... M. Numa.
Gustave DERNELY, son ami.............. M. Rhozevil.
RÉVIL, tuteur d'Amélie et de Jenny........... M. Monval.
AMÉLIE, femme d'Édouard............... Mme Dorval.
JENNY, sa sœur....................... { Mlle E. Sauvage. { Mme Grassot.
Hortense DAUPRAT, amie des deux sœurs. ... Mlle Habeneck.
JOSEPH, domestique d'Édouard............. M. Bordier.
VICTORINE, femme de chambre d'Amélie...... Mlle Clara.

La scène se passe à Paris, chez Édouard.

ACTE PREMIER.

Un salon élégant : porte au fond, ouvrant sur un vestibule ; à gauche de cette porte, une fenêtre laissant voir les arbres d'un jardin ; à droite, une porte conduisant dans les appartements ; à gauche, une porte; du même côté, sur le premier plan, une table et un fauteuil.

SCÈNE I.

RÉVIL, JOSEPH

RÉVIL, entrant par le fond, à Joseph qui range.

Eh bien! Joseph, avez-vous été à la poste?

JOSEPH.

Oui, monsieur ; les chevaux seront ici à trois heures précises.

RÉVIL.

C'est bien. Allez au pavillon que j'occupe ; vous y trouverez un porte-manteau, que vous déposerez dans ma berline.

JOSEPH.

Oui, monsieur.

RÉVIL.

Quant aux papiers qui sont sur la table, n'y touchez pas ; je vais les porter moi-même chez le notaire avant mon départ.

(Joseph sort.)

SCÈNE II.

RÉVIL; JENNY, entrant, par la gauche.

JENNY.

Votre départ?...

RÉVIL.

Jenny!... (L'embrassant sur le front.) Bonjour, mon enfant.

JENNY.

Bonjour, mon cher tuteur... Et madame Révil, pourquoi donc ne vous a-t-elle pas accompagné à Paris?...

RÉVIL.

Ma femme?... impossible ; qui donc resterait à Mantes pour surveiller notre manufacture? Mais votre sœur Amélie, comment va-t-elle?...

JENNY.

Oh! beaucoup mieux, ce matin... une nuit parfaite... un sommeil profond.

RÉVIL.

A merveille! je pourrai donc partir tran-

quille... (Mouvement de Jenny.) Ne savez-vous pas
que je vais à Marseille?...

JENNY.

Il serait possible?...

RÉVIL.

J'y suis appelé par votre bonne vieille tante,
qui s'occupe toujours de vous, même depuis
que vous l'avez quittée pour revenir ici, près
d'Amélie qui a voulu que vous fussiez la mar-
raine de son premier enfant. Votre tante me
fait part d'un projet pour améliorer votre hé-
ritage; et, comme on ne peut rien terminer
sans moi... Ah çà! mais... j'avais écrit tout cela
hier à votre beau-frère; il ne vous en a donc
rien dit?...

JENNY.

Non.

RÉVIL.

C'est singulier; à quoi pense-t-il?... je l'avais
même chargé de savoir de vous s'il était vrai
que les soins de M. Gustave...

JENNY.

M. Gustave?

RÉVIL.

Oui, on m'a dit qu'il était très assidu ici.

JENNY.

A cause de mon beau-frère, son ami de collège.

RÉVIL.

Oh! ne vous en défendez pas, mon enfant...
bien élevé, avocat distingué...

JENNY, l'interrompant.

Voici M. Dauprat.

RÉVIL.

Avec votre beau-frère...

<hr>

SCÈNE III.

LES MÊMES, ÉDOUARD, DAUPRAT.

ÉDOUARD.

Ainsi donc, docteur, je puis espérer...?

DAUPRAT.

Espérer... mieux que ça... on doit être sûr
avec moi; vous savez que je ne me trompe
guère...

JENNY, leur montrant Révil.

Messieurs.. mon tuteur...

DAUPRAT.

Ah! ce cher Révil!...

(Ils se donnent la main.)

RÉVIL, à Édouard.

Bonjour, mon cher Édouard... Mais que je
ne vous interrompe pas... vous disiez...

DAUPRAT.

Je disais à Édouard que l'état de sa femme
n'a plus rien d'alarmant.

ÉDOUARD.

Puissiez-vous dire vrai, docteur; mais comment ne pas trembler, lorsque depuis cinq
mois...

DAUPRAT.

Ah! dam! un premier enfant... mais encore une fois avec des ménagements, du calme, du repos... faites en sorte aussi de mieux
lui cacher votre inquiétude : cela l'affecte... je
crains qu'elle n'ait remarqué, comme moi,
combien, depuis quelque temps surtout, vous
étiez triste et préoccupé près d'elle.

ÉDOUARD, jetant un regard involontaire sur Jenny.

Moi!...

DAUPRAT.

Du reste... je conçois votre contrariété... être
le mari d'une femme aimable et jeune qu'on
serait heureux de mener dans le monde, au bal,
au spectacle; et au lieu de cela, passer ses
jours renfermé ici... sans la moindre distraction... car sauf la présence de Jenny, dont l'aimable caractère, la gaîté... (Il la regarde et la
voit rêveuse...) c'est-à-dire... gaie, autrefois...
car elle aussi... maintenant je ne la reconnais
plus... Allons, allons, rassurez-vous... je vous
le répète, il n'y a plus de danger pour madame de Révannes, et si vous voulez l'en convaincre... commencez par vous montrer tous
deux plus gais... moins inquiets...

RÉVIL.

Mais enfin... docteur... ces crises... pourquoi?...

DAUPRAT.

Ah! pourquoi?... dam!... les nerfs!...

RÉVIL.

Ah! oui... les nerfs!... si c'est aussi gênant
pour les malades que c'est commode pour les
médecins..

DAUPRAT.

Faites l'incrédule... ça n'empêche pas qu'hier
j'avais promis une bonne nuit, et nous l'a-
vons eue! (à Jenny.) n'est-ce pas?...

JENNY.

Très bonne.

DAUPRAT.

Que ce matin, nous nous sentons de l'ani-
mation, des forces... (à Édouard.) hein?...

ÉDOUARD.

En effet...

DAUPRAT, jouant avec son jabot.

Voilà : quand j'annonce quelque chose, ça
ne manque jamais.

RÉVIL.

En ce cas, je puis entrer chez Amélie?...

ÉDOUARD.

Elle avait demandé à rester seule un instant;
mais pour vous... je cours la prévenir...

(Fausse sortie.)

RÉVIL, le retenant.

Non... ne la dérangez pas... comme je ne
pars qu'à trois heures... Et à propos, Edouard,
ce que je vous avais chargé de dire à Jenny..

ÉDOUARD, avec embarras, après avoir regardé Jenny.

Pardon... j'avais tout-à-fait oublié...

RÉVIL.

Pour votre punition, vous allez venir

prendre au pavillon le cadeau que j'apportais
à votre femme et à Jenny.

DAUPRAT.

Ah ! oui... un produit de votre manufacture... des étoffes charmantes...

RÉVIL.

D'où savez-vous ?...

DAUPRAT.

Eh ! parbleu ! de votre compagne de route,
de madame Dauprat , ma belle-sœur.

RÉVIL.

Bah !... vous la revoyez donc , à présent ?...

DAUPRAT.

Si je la revois ?... si je... ah ça !... elle ne
vous a donc rien confié ?...

RÉVIL.

Rien du tout.

DAUPRAT.

Ah ! c'est singulier !... (A part.) Elle ne veut
sans doute annoncer notre projet de mariage
que lorsqu'elle sera bien certaine... (Haut, et du
ton de quelqu'un qui va faire une confidence.) Eh
bien ! mes amis , je... (mouvement des autres per-
sonnages ; il s'arrête.) j'imiterai sa discrétion.

RÉVIL.

Je vous croyais brouillés...

DAUPRAT.

Eh ! sans doute... à la mort de mon pauvre
frère... un procès qu'elle m'a intenté pour se
distraire de son deuil. Dam !... tout le monde
n'a, pas comme Édouard , l'avantage d'avoir
un ange pour belle-sœur ; et cette chère Hortense... femme charmante d'ailleurs , de l'esprit, des talents , des qualités et beaucoup
de tête... trop de tête.

RÉVIL.

Oui... car elle menait votre frère , un jour-
naliste , député...

DAUPRAT.

Justement ! il était si occupé de gouverner
l'État, qu'il n'avait pas le temps de gouverner
son ménage. Mais moi , c'est autre chose , et
notre procès en est une preuve, car je n'aurais
jamais cédé... et nous étions gens , ma belle-
sœur et moi, à nous ruiner complètement.
(Mouvement de Révil.) Oh ! rassurez-vous, je crois
que... ça va s'arranger.

RÉVIL.

A l'amiable.

DAUPRAT , avec un sourire équivoque.

A l'amiable?... oui... ou à-peu-près... (Ti-
rant sa montre.) Mais pardon , bientôt midi ,
et des courses , des visites... ah ça ! Révil, si
je ne vous revois pas , adieu et bon voyage.

RÉVIL.

Merci : Édouard et moi , nous descendons
avec vous.

(Dauprat s'éloigne avec Révil.)

ÉDOUARD , à Jenny.

Jenny, vous restez , n'est-ce pas ?... et si
Amélie m'appelait...

JENNY.

Je serai là... soyez tranquille..

ÉDOUARD.

Merci ! merci !...

(Il rejoint Dauprat et Révil; Jenny s'assied et le suit des
yeux : au moment où Dauprat et Révil sortent, Édouard
se retourne pour regarder encore Jenny.)

SCÈNE IV.

JENNY , seule , après un moment de silence, les
yeux fixés sur la porte par laquelle ils sont sortis.

Comme il veille sur elle !... tant de soins !...
tant d'amour !... heureuse Amélie !... oh ! oui !
heureuse, dans ses souffrances même, de se voir
chérie ainsi par Édouard !... Édouard !... (Se
laissant aller à sa rêverie.) Mon tuteur... qui donc
a pu lui dire... que M. Gustave... oh ! non...
jamais... je ne veux pas me marier... non , rester ici... toujours auprès d'eux... auprès de ma
sœur... Pauvre sœur qui est si bonne !... (Regardant la porte par laquelle Édouard est sorti.) Aussi,
comme il l'aime !...

SCÈNE V.

JENNY ; AMÉLIE : elle paraît sur le seuil de la
porte de droite , regarde et appelle à voix basse.

AMÉLIE.

Jenny !...

JENNY, tressaillant et apercevant sa sœur.

Amélie !... (allant à elle.) toi !... c'est toi !...
(Elle lui prend le bras et la conduit au fauteuil à
gauche.)

AMÉLIE.

Une surprise que j'ai voulu faire à notre tuteur.

JENNY.

Imprudente !

AMÉLIE , avec grace.

Oh ! ne me gronde pas !...

JENNY.

Avez-vous oublié les ordres du docteur .
« Surtout que la malade ne sorte pas de sa
chambre ! »

AMÉLIE.

La malade !... tu vois donc bien , Jenny,
que cet ordre ne me concerne pas. Aussi , c'est
sa faute ; pourquoi m'a-t-il rendu mes forces?

JENNY.

Il se pourrait?... n'importe... n'en abuse
pas... là !... (la faisant asseoir.) sur ce fauteuil....
ah ! un coussin sous tes pieds !

SCÈNE VI.

LES MÊMES , puis GUSTAVE.

JENNY.

Là !... Et maintenant que je te regarde...

(Elle se met à genoux sur un coussin devant Amélie, et la regarde attentivement.) Oui, oui, c'est vrai... un mieux étonnant... et après cette crise d'hier...

AMÉLIE.

Qui vous a tous effrayés... toi surtout, Jenny... et mon mari... Edouard... quelle douleur!...

JENNY, se levant et allant prendre un schall.

J'oublier...

AMÉLIE, à elle-même.

Quelle affliction!... lui qui depuis quelque temps semblait froid et contraint en ma présence... je l'ai vu plusieurs fois détourner les yeux pour me cacher ses larmes... oh! cela m'a fait un bien... Edouard!.. il m'aime encore!...

JENNY, se remettant à genoux sur le coussin.

Que dis-tu?...

AMÉLIE.

Je dis... que mes douleurs... mon accablement ont disparu.

GUSTAVE, entrant, bas.

Ah! sa sœur est avec elle.

AMÉLIE.

Oui, je respire... je renais... (Mettant la main sur son cœur.) Je ne souffre plus... me voilà guérie.

JENNY, avec effusion, lui serrant les mains.

Ah! quel bonheur!...

GUSTAVE, s'avançant à Amélie.

Me permettrez-vous, madame, d'être le premier à vous en féliciter?...

AMÉLIE.

Monsieur Gustave!

JENNY, voulant se lever.

Monsieur...

GUSTAVE, vivement.

De grace, mademoiselle...

AMÉLIE, la retenant.

Eh oui!... reste donc ainsi!... tu es si bien!... (A Gustave.) Je reçois vos félicitations, monsieur Gustave, et j'en suis bien touchée. En vérité, si quelque chose pouvait consoler de la perte de ce bien si précieux, la santé, ce serait de voir tous ces témoignages d'affection que nous prodiguent nos amis, comme s'ils croyaient que chaque preuve de leur attachement dût être la dernière. (Souriant.) Savez-vous qu'un malade, c'est une puissance; il a sa cour, ses flatteurs, chacun lui obéit; caprices, fantaisies, on lui pardonne tout. Mais revient-il à la vie, (regardant Jenny en souriant.) oh! alors, adieu tout cela; monarque déchu, son pouvoir disparait, ses flatteurs changent de rôle, et quelquefois même le grondent.

JENNY.

Ajoute, Amélie, qu'à ce prix, ils se sentent le courage de gronder sans cesse.

AMÉLIE, jouant avec les boucles de cheveux de Jenny.

Chère Jenny!... je suis si heureuse de ta présence, que je tremble toujours qu'une fois...

rassurée sur ma santé, tu ne viennes à me quitter encore. (A Oscar.) C'est que, voyez-vous, monsieur... Jenny, c'est mon ange gardien; c'est elle qui me console, me ranime, m'encourage... Bonne Jenny!... que de peines... de tourments!...

JENNY, d'un ton de reproche, en se levant.

Amélie!... Amélie!...

AMÉLIE.

Tu voudrais en vain le cacher, Jenny; et dis-moi, que sont devenus ces fraîches couleurs, ce front calme et riant?... pauvre jeune fille, qui souffre de mes souffrances, et que son amour de sœur a condamnée à n'exister que par moi!... Mais enfin tout cela va cesser... je vais me rétablir... j'en ai l'espoir, le pressentiment... et alors, ma Jenny, ce sera à mon tour de m'occuper de toi... de te payer ma dette; je te conduirai dans le monde, aux bals, aux concerts, aux fêtes...

JENNY.

Y penses-tu? des veilles! de la fatigue!

AMÉLIE.

Que m'importe, pour te chercher partout un mari...

GUSTAVE, vivement.

Madame pourrait... (avec timidité.) ne pas chercher bien loin...

AMÉLIE.

Plait-il, monsieur Gustave?... (Le regardant.) Eh! mais... cet air de mystère et d'hésitation...

GUSTAVE.

Eh bien! madame... car le temps presse... je tenais à parler d'abord à mademoiselle... j'espérais tout-à-l'heure la trouver seule; mais quoique vous soyez là...

AMÉLIE.

C'est absolument la même chose : deux personnes, mais un seul cœur.

GUSTAVE.

Alors, c'est devant vous que j'oserai lui dire...

HORTENSE, en dehors, riant aux éclats.

Ah! ah! ah!... cette curiosité!... non, monsieur, non, non, vous ne saurez rien... ah! ah! ah!...

AMÉLIE.

Eh mais! c'est Hortense, c'est madame Dauprat... (A part, avec contrariété.) Déja de retour!...

GUSTAVE, à part, s'éloignant avec embarras.

Ma cousine!... ah! mon Dieu! que va-t-elle dire de ma gaucherie?...

SCÈNE VII.

LES MÊMES, ÉDOUARD, HORTENSE.

ÉDOUARD, entrant avec Hortense qu'il conduit.

Mais, madame...

AMÉLIE, à part.

Edouard avec elle!...

HORTENSE, à Édouard, gaîment.

Mais je vous répète qu'il s'agit de votre belle-sœur, ça ne vous regarde pas... et vous ne saurez rien que devant votre femme... Eh ! mais la voici !

AMÉLIE, se levant.

Hortense...

HORTENSE, allant l'embrasser.

Chère Amélie !... restez donc... (La regardant.) Oh ! mais... comme la voilà mieux !...

AMÉLIE.

Oui, depuis hier.

HORTENSE.

En si peu de temps ?...

AMÉLIE, qui regarde Édouard avec tendresse.

Oh ! c'est qu'hier, voyez-vous, hier !... (appuyant.) on a trouvé le véritable adoucissement à mon mal.

HORTENSE.

Et M. Dauprat a mis six semaines à le trouver, lui, l'homme infaillible !...

AMÉLIE, souriant.

Vous lui en voulez donc toujours ?

HORTENSE.

Plus que jamais, ma chère ; surtout depuis qu'il m'a fait faire des propositions de... (se reprenant.) d'arrangement ; et malgré ça, comme il y va de tout ce que je possède, il faudra bien... (Apercevant Jenny.) Ah ! Jenny !... bonjour, mon ange ; je suis bien aise de vous trouver là.

JENNY.

Madame...

HORTENSE, se retournant et voyant Gustave.

Et Gustave aussi...

GUSTAVE, la saluant.

Ma cousine...

(Il donne la main à Édouard qui la lui serre.)

HORTENSE, s'asseyant.

A merveille !... Nous sommes au grand complet*.

ÉDOUARD, inquiet.

Comment ?... que voulez-vous dire ?

HORTENSE.

Encore des questions ?

AMÉLIE, à part.

Qu'a donc Édouard ?... il ne m'adresse pas un mot... il n'a pas même l'air de s'apercevoir que je suis levée ; il est tout à Hortense. (Chassant cette pensée.) Ah ! encore cette idée qui me poursuit...

ÉDOUARD, à Hortense.

Vous ne vouliez parler que devant ma femme : eh bien ! puisque la voilà...

AMÉLIE.

Mais de quoi s'agit-il ?... C'est donc bien grave ?...

HORTENSE.

Si c'est grave ?... une négociation en forme....

* Amélie, assise ; Jenny, debout, appuyée sur le dos du fauteuil ; Édouard, debout ; Hortense, assise ; Gustave, debout.

oui, ma chère, vous voyez en moi un fondé de pouvoir... un ministre plénipotentiaire.

ÉDOUARD, toujours inquiet.

Expliquez-vous ; c'est trop nous tenir en suspens...

HORTENSE.

Mais, je ne vous tiens pas du tout... c'est vous, bien plutôt... je vous en fais juge, Amélie ; en traversant le jardin, je rencontre votre mari et M. Révil, avec qui j'échange quelques mots sur l'objet de ma visite ; puis, quand je vais pour monter chez vous, monsieur quitte votre tuteur, s'empare de mon bras, m'accompagne de force, et sans vouloir me laisser. Qu'est-ce que cela signifie ?... qu'est-ce qu'il lui prend ?...

AMÉLIE, à part, regardant Édouard.

En effet, c'est étrange.

ÉDOUARD, à Hortense.

De grace, madame...

AMÉLIE, à part.

Ah ! tant d'empressement auprès d'elle...

HORTENSE, à Édouard.

Ne vous fâchez pas... j'arrive au fait. Figurez-vous, ma bonne Amélie, que depuis quelque temps, mon cousin Gustave, ici présent, me semblait tout changé... l'air langoureux, des distractions, n'étant plus à ce qu'il faisait... au point que l'autre jour, à un bal, mon premier depuis que j'ai quitté le deuil, il m'invite à danser, et c'est pour ne pas m'adresser deux syllabes, pour brouiller toutes les figures... et finir, à la trénitz, par me marcher sur le pied, d'une force !... obligée de retourner à ma banquette, en boitant... en boitant, ma chère.

GUSTAVE.

Ma cousine, ces détails...

HORTENSE.

Ah ! tant pis !... c'est ma vengeance... dans ce moment-là, d'abord, je l'aurais... « Il n'est pas possible, m'écriai-je, Gustave ; il faut que vous soyez amoureux ! » Je disais ça, moi, par colère, comme tout autre injure ; pas du tout, j'avais deviné juste.

AMÉLIE.

En vérité ?

HORTENSE.

C'est ce qu'il m'avoua en gémissant sur sa timidité, qui l'empêchait de se déclarer... en sorte qu'il était malheureux !... malheureux !... j'en pleurais presque... avec ça que rien ne dispose à la sensibilité comme le bal, quand on n'y danse pas.

AMÉLIE.

Et vous vous êtes chargée...

HORTENSE.

Comme étant sa seule parente, de faire toutes les démarches officielles : d'abord, un voyage auprès du tuteur, et à mon retour une demande en forme à la famille, à condition que dans l'intervalle il se déclarerait lui-même à la jeune personne, qui, sans doute, ne l'a pas mal accueilli, puisque je le trouve ce matin auprès d'elle.

GUSTAVE, à part.

Je tremble !...

AMÉLIE.

C'est donc ma sœur?

JENNY.

Moi?

ÉDOUARD, très vivement.

Jenny, Gustave vous parlait de son amour, et vous nous le cachiez !...

JENNY, de même.

Mais non! non, Édouard ; monsieur ne m'en a pas dit un mot, je vous le jure.

HORTENSE, se levant.

Hein?... comment, Gustave?

GUSTAVE.

Il est vrai, ma cousine. Je suis venu vingt fois dans cette résolution ; vingt fois, pour l'accomplir, j'ai ouvert la bouche... et je suis resté muet !

HORTENSE.

Alors, ça a dû vous faire vingt attitudes bien gracieuses. (Riant.) Ah! ah! ah !

GUSTAVE, allant à Jenny.

Oh! mademoiselle, je le sens, je dois vous paraître ridicule : et pourtant, cette timidité que j'ai auprès de vous, si vous pouviez voir au fond de mon cœur ce qui l'a causée, vous, si bonne, vous n'en ririez pas !

JENNY.

En rire? loin de là, monsieur Gustave, je la regrette.

ÉDOUARD, très vivement.

Qu'entends-je?

GUSTAVE, de même.

Vous la regrettez?...

HORTENSE, de même.

C'est un aveu.

AMÉLIE, de même.

Il t'a plu, ma sœur?

JENNY.

Souffrez que j'explique....

HORTENSE.

C'est inutile... on n'en demande pas davantage.

GUSTAVE, avec la plus grande joie.

Quel bonheur!... ah! mesdames!... ah! mon cher Édouard !

(Il lui serre la main.)

ÉDOUARD, retirant brusquement sa main.

Prends donc garde!... tu me brises la main!

AMÉLIE, à Jenny.

Tu seras donc heureuse!

JENNY.

Ma sœur!... ma sœur!... fais donc qu'on m'écoute... On se trompe... je n'ai pas voulu dire...

AMÉLIE.

Quoi! tu ne l'aimes pas?

ÉDOUARD, vivement à Gustave.

Elle ne t'aime pas, mon cher ami; elle ne t'aime pas.

HORTENSE.

Il serait vrai?... cependant, je m'y connais... et j'avais cru remarquer... que Jenny... à moins, pourtant... qu'elle n'en aime un autre...

JENNY, vivement.

Oh! non!

GUSTAVE.

Alors, mademoiselle, laissez-moi espérer que mes soins, ma persévérance...

JENNY.

Je ne le dois pas, ce serait vous abuser.

GUSTAVE, accablé.

Un tel arrêt...

HORTENSE.

Jenny a raison, au fait... n'avoir pas eu l'esprit de lui faire votre cour... un avocat qui ne sait pas parler !

GUSTAVE.

De grâce, ma cousine!...

ÉDOUARD, gaîment.

Allons donc, mon cher Gustave, un peu de courage... nous ne pouvons pas contraindre Jenny... mais, du reste, tout ce qui dépendra de moi pour te distraire, pour te consoler... (mouvement de Gustave.) oh! c'est le devoir d'un ami de collège... et pour commencer, prouve-nous que tu ne gardes pas rancune... aujourd'hui, chez nous, sans façon... un dîner d'amis... (à Hortense.) vous en serez, madame?

AMÉLIE, à part.

Cette invitation... ce ton de gaîté...

ÉDOUARD.

Je vous en conjure !

HORTENSE.

J'accepte. Vous, ma chère Amélie, pas de gêne pour moi; j'ai entendu Révil vous envoyer dire de tenir une lettre prête pour votre tante... ainsi...

AMÉLIE.

En effet... il faut que j'aille écrire... Édouard, mon ami, ne venez-vous pas m'aider?

ÉDOUARD.

Bien volontiers, chère amie, sans une occupation, une affaire...

AMÉLIE.

Ah !...

ÉDOUARD.

Mais Jenny va vous suivre...

HORTENSE, prenant la main de Jenny.

Non... pardon... je la garde... j'ai à causer un peu avec elle... pendant que Gustave passera chez moi pour m'envoyer ma voiture.

GUSTAVE, bas à Édouard, avec espoir.

Je devine... encore un effort en ma faveur

ÉDOUARD, bas, avec inquiétude.

Tu crois?

AMÉLIE, à part.

Il disait à ma sœur de me suivre... ah! sans doute... pour rester seul avec Hortense.

JENNY, qui causait avec Hortense, regardant Amélie.

Amélie... qu'as-tu donc?... on dirait que tu souffres...

ÉDOUARD, courant à Amélie.

Se pourrait-il? chère amie!...

(Il veut la soutenir.)

AMÉLIE, repoussant doucement sa main.

Non, Édouard, non... ce n'est rien. Que je ne sois pas un obstacle au retour de votre joie... sans adieu...

JENNY, à Hortense.

Pardon, madame. (A Amélie.) Je te suis...

AMÉLIE, très vivement et avec une grande énergie.

Non, reste... (Se reprenant, avec une grace forcée.) Reste; je desire que tu ne quittes pas madame... (A part, en allant vers sa chambre.) Ah! si c'est elle !.. Je le saurai.

(Elle rentre chez elle.)

SCÈNE VIII.

ÉDOUARD, JENNY, HORTENSE.

Édouard qui a conduit Gustave jusqu'au fond, s'arrête et écoute.)

HORTENSE.

Ah çà! ma chère Jenny, vous devinez bien pourquoi j'ai voulu rester avec vous : c'est pour vous décider à me parler à cœur ouvert.

JENNY.

Madame...

HORTENSE.

Oui, maintenant que nous sommes seules... (Voyant Édouard.) Ah! vous êtes encore là, monsieur de Révannes?...

ÉDOUARD, cherchant un prétexte.

Que je ne vous gêne pas... des papiers à chercher pour Révil...

HORTENSE.

Ici?...

ÉDOUARD, montrant un carton près de la fenêtre.

Dans ce carton...

HORTENSE, à part.

Comme c'est commode!...

ÉDOUARD.

Mais parlez toujours... je suis occupé... je n'entends rien.

HORTENSE, à part.

C'est clair : il est d'une curiosité!... Ah! si j'avais un mari comme celui-là!... (Haut à Jenny.) Voyons, Jenny... là, entre nous, aimez-vous quelqu'un?...

JENNY.

Personne, madame, je vous l'ai déja dit.

HORTENSE.

Sans doute; c'est toujours la première réponse d'une jeune fille... mais ce que je vous demande, c'est votre dernier mot, celui du cœur.

JENNY.

Mon cœur?... je vous assure que j'ai beau l'interroger, il me serait impossible d'y reconnaître...

HORTENSE.

De l'amour?.. pas un peu?..pas le moindre?.. là... cherchez bien... vous êtes sûre?... Alors, c'est singulier.

JENNY.

En quoi donc?...

HORTENSE.

C'est que j'avais cru que dès long-temps... car ça remonte à l'époque du mariage de votre sœur, et même avant...

ÉDOUARD, qui écoute, avec un cri involontaire.

Avant!...

HORTENSE, se retournant.

Plaît-il?...

ÉDOUARD, feuilletant des papiers.

Rien.

HORTENSE, à Jenny.

Oui, à mille indices que j'observai alors en vous : des frissons, des pâleurs, des rougeurs subites, que sais-je?... je me disais : Pauvre petite! seize ans à peine, et elle aime déja!...

JENNY.

Mais qui?...

HORTENSE.

Voilà bien ce que je cherchai à deviner; mais comme je ne vous voyais de préférence pour aucun de nos jeunes gens...

JENNY.

C'est qu'en effet, je puis vous le jurer, madame, ce que vous appelez de l'amour m'est inconnu, je n'en ai pas même idée... et quant au malaise que j'éprouvais à l'époque dont vous parlez, vous savez, votre beau-frère l'attribuait au changement de climat...

HORTENSE.

Sans doute... les médecins, le moral n'existe pas pour eux!.. ils expliqueraient le suicide de Didon par une fièvre cérébrale... mais enfin je vous crois : votre cœur est libre... à merveille! parcequ'alors il n'y a rien de désespéré pour Gustave; je vous prouverai que c'est un excellent parti; oui, je réponds de vous en convaincre; et pour commencer...

ÉDOUARD, s'approchant.

Madame, je viens de voir entrer votre voiture...

HORTENSE.

Ah! merci...

ÉDOUARD.

Voulez-vous accepter mon bras?

HORTENSE.

Pour descendre quelques marches?... non, non, continuez vos recherches...

ÉDOUARD.

J'ai fini...

HORTENSE.

Tant mieux alors, car vous allez m'aider à faire à Jenny l'éloge de Gustave.

ÉDOUARD.

Comment donc!... garçon de mérite, qui au collège était toujours le premier... en grec...

HORTENSE.

Allons... du grec!... belle recommandation auprès d'une jeune fille... Eh! non, monsieur, je vous demande d'attester ses qualités, son amabilité, ses succès dans sa profession, le talent dont il fait preuve...

JENNY.

Et cependant, madame, vous ne l'avez pas choisi pour votre procès...

HORTENSE.

Oh! ça.... par des raisons qui n'intéressent que moi et n'ôtent rien à son mérite... et après tout, puisqu'il y va de l'intérêt de mon cousin, je ne veux pas que mon silence lui fasse du tort; et quand je devrais m'en faire à moi-même par ma franchise...

ÉDOUARD ET JENNY.

Comment?...

HORTENSE.

Eh bien oui... Gustave est à-peu-près de mon âge, notre parenté lui donnait le droit de venir chez moi familièrement, à toute heure, de m'accompagner dans quelques visites, au bois, aux spectacles... autant de privilèges dangereux, sur-tout auprès d'une femme dont le mari, toujours éloigné d'elle par ses affaires ou cloué dans sa chambre par la goutte... car Dieu sait que fait ce cher M. Dauprat... Enfin, pour ma propre sûreté, je me suis habituée à tenir mon jeune parent à distance en le rudoyant, le maltraitant même. Pauvre garçon!... qui ne se doutait guères que chacun de mes reproches valait un éloge, puisqu'il le devait à ses qualités.

JENNY.

Cette prudence...

HORTENSE.

Vous paraît excessive... mais c'est surtout en fait de précautions pour garder notre cœur que le superflu est chose très nécessaire. Nous autres femmes, ce n'est jamais de parti pris que nous manquons à la vertu : nous l'aimons toutes, et quand un étranger, un indifférent s'attaque à nous, ses assiduités, ses tentatives pour plaire, tout nous montre le piège, et nous donne le temps de l'éviter; mais les parents, au contraire, les parents, c'est d'un traître!

JENNY, à part.

Que dit-elle!

HORTENSE.

On les voit tous les jours... avec abandon, sans conséquence... le charme qu'on trouve auprès d'eux, on le met sur le compte de l'habitude, ou tout au plus de l'amitié... et comment distinguer bien juste le moment où cette amitié se transforme en amour? comment s'en méfier? n'est-il pas naturel de chérir sa famille?..

n'est-ce pas même un bon sentiment?... et les bons sentiments, c'est presque toujours ce qui perd les femmes !...

JENNY, à part, très émue.

Ah!

ÉDOUARD, à Hortense.

Cette plaisanterie....

HORTENSE.

Est très sérieuse... et faute de s'être tenue en garde contre les séductions de la parenté, plus d'une femme peut-être..... (Se retournant vers Jenny.) Qu'avez-vous, Jenny?... vous semblez émue.

JENNY.

Moi?...

HORTENSE, lui prenant la main.

Sans doute... la main tremblante... cet embarras... (Souriant.) Ah! Jenny! Jenny! vous aimez Gustave plus que vous ne le croyez vous-même... Enfant, n'allez pas vous alarmer de l'aveu que j'ai fait; je rends justice à mon cousin... mais vous pouvez être bien tranquille...

JENNY.

Madame...

HORTENSE.

Ne cherchez pas à le nier... ce que je viens de vous dire a produit de l'effet...

JENNY, à part.

Hélas!

HORTENSE.

Oh! j'en suis sûre... j'ai une pénétration... bien!... très bien... je vous laisse y réfléchir.... on ne vous presse pas... aimez-le librement... à votre aise.

ÉDOUARD, la reconduisant.

Madame...

HORTENSE, bas à Édouard, près de la porte du fond.

Restez... ne la quittez pas... ou je me trompe, ou il vient de s'opérer dans son âme une révolution soudaine..... profitez-en..... insistez....... tourmentez-la... ne lui laissez pas le temps de respirer, et elle est à mon cousin... je cours lui porter cette bonne nouvelle.

(Elle sort.)

SCÈNE IX.

ÉDOUARD, JENNY.

JENNY, à part.

Dieu ! s'il était vrai!... (Après un long silence elle se retourne, et aperçoit Édouard qui a les yeux fixés sur elle.) Allons, me voilà décidée.

(Elle sort.)

SCÈNE X.

ÉDOUARD, seul.

Elle sort!... sans m'adresser une parole, sans

oser lever les yeux sur moi !... ah ! je tremble
d'avoir trop bien compris ce qui se passe en
elle... ces sentiments que mon cœur repousse de
toutes ses forces... et que je lui cachais avec
tant de soin... elle vient de les entrevoir... et qui
sait ?... de découvrir peut-être, qu'elle les par-
tage... car déjà quelquefois, je l'ai cru, et en ce
moment plus que jamais... (Avec explosion.) Moi !
moi !... je serais aimé d'elle ! (Apercevant sa femme.)
Amélie !

SCÈNE XI.

ÉDOUARD, AMÉLIE.

AMÉLIE, étonnée de le voir.

Encore là, Édouard ? et cette affaire si pressée ?...

ÉDOUARD, avec trouble.

En effet... vous me rappelez... oui, Révil
m'attend chez son notaire.

AMÉLIE, à part.

Quelle agitation ! (Haut.) Et vous l'aviez oublié... (l'observant.) il fallait un intérêt bien
grand...

ÉDOUARD, hésitant.

Oh ! mon Dieu, non ! je... je causais là...

AMÉLIE.

Avec Hortense ?

ÉDOUARD, vivement.

Oui, oui.

AMÉLIE.

Ah ! mais... ma sœur... elle n'est pas restée ?..

ÉDOUARD.

Jenny...? j'ignore... (A part.) Ah ! cachons
mon trouble. Pauvre Amélie ! qu'elle ignore
toujours...

AMÉLIE, à part.

Ils l'auront éloignée, sans doute. (Haut.) Que
je ne vous arrête pas...

ÉDOUARD.

Oui, je vais... (La regardant.) Eh ! mais... ma
chère amie, tu parais souffrir plus que ce matin....

AMÉLIE.

Oui, en effet... la fatigue... l'application
qu'il m'a fallu mettre à cette lettre, sans doute...
(A part, avec douleur.) Ah !

ÉDOUARD.

Prends mon bras, descends au jardin... un
air doux et pur dissipera peut-être...

AMÉLIE, retirant sa main qu'il a prise.

Non, non... je préfère rester ici... Allez,
mon ami, rejoignez Révil, et dites-lui que
je l'attends pour lui faire mes adieux.

ÉDOUARD.

Soit donc. Je te laisse, mais pour revenir plus
tôt.

SCÈNE XII.

AMÉLIE, seule.

Ainsi, je ne m'étais pas trompée... Édouard !
oh ! oui... j'ai lu son trouble dans ses yeux....
c'est elle... c'est Hortense qu'il aime. Dès son
arrivée... sa préoccupation, sa tristesse ont disparu... et puis cet entretien... (Avec amertume et
ironie.) Après huit jours de séparation... ils
avaient tant de choses à se dire !... et cependant... comment croire ? Hortense, la meil-
leure, la plus sûre des amies, me trahir à ce
point ! oh ! c'est impossible... elle sait que
l'amour d'Édouard, c'est ma vie... ma vie
tout entière... (Avec doute.) Non... Hortense
peut être légère.... inconsidérée... mais....
Ah ! que faire ?..... que penser ?.... A qui donc
me confier ?...

SCÈNE XIII.

AMÉLIE, JOSEPH.

JOSEPH, dans la galerie qu'il traverse en portant des
cartons : à la cantonade.

Oui, oui, mademoiselle Jenny...

AMÉLIE.

Jenny... oui, ma sœur... oh ! oui, à elle.

JOSEPH, qui s'était arrêté, paraissant écouter en
dehors.

Vos cartons ?... soyez tranquille, mademoiselle ; je trouverai moyen de les placer dans la
berline.

AMÉLIE, à elle-même.

Dans la berline ?... que signifie...? (Appelant.)
Joseph !

JOSEPH, entrant.

Madame ?

AMÉLIE.

A qui parliez-vous ainsi ?

JOSEPH.

A la sœur de madame... c'est pour ce qu'elle
emporte.

AMÉLIE.

Ce qu'elle emporte !... la voiture !.... c'est
étrange...

JOSEPH.

N'est-ce pas, madame ?... moi aussi, quand
mademoiselle Jenny m'a dit qu'elle devait
partir...

AMÉLIE.

Partir ?... Jenny ?... que dites-vous, Joseph ?...
vous vous trompez...

JOSEPH, regardant à gauche.

Si madame veut s'assurer du contraire, voici
mademoiselle Jenny qui pourra lui répéter...

AMÉLIE.

C'est bien... retirez-vous et attendez mes ordres... (A elle-même.) Oh! non!... je ne puis
croire...

(Joseph, en sortant, rencontre Jenny, lui parle bas, et lui
montre alternativement Amélie et les cartons.)

SCÈNE XIV.

AMÉLIE, JENNY.

JENNY, à part. l'air triste et embarrassé.

La voici : ah! si j'avais su...

(Elles se regardent un moment en silence, et se jettent.
tout en larmes. dans les bras l'une de l'autre.)

AMÉLIE, après un silence.

Jenny!... il est donc vrai?... tu veux partir...
et cependant tu m'avais promis...

JENNY.

Oui, mais j'ai réfléchi... la crainte de mécon-
tenter notre tante...

AMÉLIE.

Et tu ne crains pas de m'affliger, moi?...

JENNY.

Oh! peux-tu croire?... Si mon séjour auprès
de toi eût encore été nécessaire... je serais restée... mais, grace au ciel... il n'y a plus de danger pour toi, le docteur l'assure...

AMÉLIE.

Le docteur!... mais tu ne vois donc pas,
Jenny... regarde-moi donc, et dis-moi encore
que tes soins me sont inutiles.!...

JENNY, la regardant avec effroi.

Ah!... en effet... Amélie !...

AMÉLIE, mettant la main de Jenny sur son cœur.

C'est là, vois-tu, que je souffre... oh! Jenny, ne t'éloigne pas... ne m'abandonne pas...
oh! si tu savais...

JENNY.

Quoi donc?... mon Dieu!.. Amélie... tu m'ef-
fraies ! dis-moi...

AMÉLIE.

Oui... il le faut... tu sauras tout... ma sœur
a le droit de connaitre le secret de mes douleurs, elle dont la tendresse et l'amitié eurent
si long-temps le pouvoir de les calmer... oui,
je vais tout te confier... Et alors, Jenny, j'en
suis sûre, tu ne voudras plus m'abandonner.

JENNY.

Parle... oh! parle!...

AMÉLIE.

Depuis quelques mois, vous êtes tous étonnés de ce mal subit, inattendu : mais quand
je t'en aurai appris la cause...

JENNY.

Eh bien?

AMÉLIE, avec hésitation.

Eh bien... je... mon Dieu!... tu ne compren-

dras peut-être pas cela, toi... c'est à peine si
je puis m'expliquer moi-même ce qui se passe
en moi... mais je souffre... je suis malheureuse..
enfin.. Jenny.. je suis.. (avec mystère.) jalouse!

JENNY.

Toi... et... de qui donc?

AMÉLIE.

Je ne sais... mais il me semble qu'Édouard
ne m'aime plus comme autrefois.

JENNY.

Quelle idée !... je le vois toujours le même
pour toi.

AMÉLIE.

Le même... oh! non... cela te parait ainsi...
Et puis Édouard se montre sans doute toujours
affectueux, empressé; mais ce n'est plus cet
amour... cette tendresse passionnée... Il m'aimait tant... Oh! alors j'étais tout pour lui... Tu
n'as pas vu cela, toi... tu n'étais plus ici... mais
maintenant il est sombre, contraint, préoccupé...
et si par hasard mes yeux rencontrent les siens..
il les détourne avec trouble... avec une sorte de
terreur même... Oui... oh! oui... j'en suis sûre,
il craint de m'y laisser lire...

JENNY.

Tu te trompes, assurément.

AMÉLIE.

Oh! non... non... j'avais déja voulu t'en
parler... te confier mes craintes, mon anxiété...
car c'est à-peu-près... oui... c'est depuis que tu
es revenue près de moi... mais je me taisais...
j'attendais qu'il me revint... et en effet... par-
fois sa tendresse paraissait se ranimer... et alors
j'avais honte de mes soupçons... je me les re-
prochais... je m'en voulais presque d'avoir douté
de son amour... Peut-être serais-je parvenue à
m'abuser ainsi long-temps encore... sans un
événement...

JENNY.

Quoi donc? oh! achève !

AMÉLIE.

C'était quelques jours après la naissance de
ma fille... Édouard et toi... tu sais, vous n'aviez
pas voulu m'abandonner, même pendant mon
sommeil... et vous veilliez l'un après l'autre au
chevet de mon lit; une nuit, j'avais eu vain
répété à Édouard que je me sentais beaucoup
mieux, et comme je le pressais d'aller prendre
quelques heures de repos, « non... non... me
dit-il... non... demain... plus tard... » et il resta
comme toujours près de moi. Voyant qu'il
doutait de mes paroles, et pour mieux le convaincre, je feignis moi-même de dormir... et
bientôt l'accablement, la fatigue avaient fermé
ses yeux... A la lueur de la lampe, je regardais
ses traits si chers... Tout-à-coup, je les vois se
contracter, exprimer une lutte intérieure... De
sa poitrine oppressée... s'échappaient des sou-

pirs... des mots entrecoupés... « Amélie... la tromper!.. moi... trahir sa confiance... non... non... jamais!... plutôt te fuir, ô ma chère... » (Prenant la main de Jenny.) Un nom vint mourir sur ses lèvres... — Comme tu as froid!. .

JENNY.

Ce nom?...

AMÉLIE.

Je n'ai pu l'entendre. Mais qu'importe! n'en avais-je pas déja trop appris?... Oh! dès ce moment une fièvre ardente, continuelle!... ma santé, ma raison perdue!...

JENNY.

Quoi! c'était là?...

AMÉLIE.

Oui; cela te surprend... c'est que tu ne sais pas, Jenny, tu ne sais pas encore ce que c'est qu'aimer!...

JENNY, à part.

Ah!

AMÉLIE.

Comment pourrais-tu comprendre mes tour- ments?...

JENNY.

Ma sœur... calme-toi... le chagrin, la dou- leur t'égarent... Édouard te tromper!.... oh! non! ton bonheur lui est trop cher... il t'aime... il n'aime que toi... je le sais, j'en ai mille preuves...

AMÉLIE, avec espoir.

Tu crois, Jenny... ainsi, tu n'as jamais re- marqué... j'avais cru m'apercevoir.... ce matin encore... lorsque je vous ai laissés ici avec Hortense, Édouard a refusé de me suivre.

JENNY.

Notre tuteur lui avait demandé des papiers, qu'il cherchait pendant que madame Dauprat me parlait de son cousin.

AMÉLIE, l'observant.

Puis... tu es sortie...

JENNY.

Oui, aussitôt après le départ d'Hortense... j'ai laissé Édouard seul...

AMÉLIE, étonnée, avec joie.

Seul!... ah!... (A part.) Mais alors... pourquoi me disait-il donc?... (Haut.) Ainsi... tu n'as ja- mais vu... aperçu... tu es bien certaine... ja- mais personne?

JENNY.

Oui, j'en suis sûre... Te tromper! mais qui donc le pourrait? Oh! non!... crois-le bien, Amélie; parmi tous ceux qui te connaissent, qui t'entourent, il n'en est pas un... (avec un peu d'exaltation.) qui ne soit prêt à sacrifier son repos, sa vie même, pour t'épargner un chagrin... une larme.

AMÉLIE, avec joie.

Oui, n'est-ce pas?... je te crois, je veux te

croire. Ah! Jenny, que j'ai bien fait de me confier à toi!... tu m'as toujours porté bonheur; chacune de tes paroles me calme et me ras- sure... Ah!... reste, reste... Jenny, car vois-tu... ces sombres pensées... ces soupçons... voilà ce qui me tue!... (Mouvement de Jenny.) Ah! reste... et lorsqu'ils s'empareront de moi, tu me parle- ras... ma sœur... et, comme en ce moment, le son de ta voix les dissipera...Reste... et je vivrai... je vivrai tranquille, heureuse!... Jenny, tu res- teras, n'est-il pas vrai?Mais tu ne me réponds pas... Oh!... tu ne m'aimes donc plus aussi, toi?...

JENNY.

Amélie! (A part.) Mon Dieu! que résoudre!...

AMÉLIE.

Quoi! insensible à toutes mes prières... J'en- tends! tu es lasse de me sacrifier tes plaisirs...

JENNY.

Au nom du ciel!...

AMÉLIE.

Ah! tu as raison: c'est moi qui suis égoïste et cruelle. Eh bien!... je me tairai, je ne te fa- tiguerai plus de mes plaintes... je les refoulerai au fond de mon cœur... quand elles devraient le briser...

JENNY, éperdue.

Oh! c'en est trop... tais-toi... tais-toi... ces reproches... ces larmes... je n'y résiste plus : je resterai!...

AMÉLIE, avec transport, la serrant dans ses bras.

Elle reste!... Ah! Jenny!... ma Jenny! ma bonne Jenny, ma sœur!... oh! je crains moins le malheur maintenant : nous serons deux con- tre lui.

JENNY, à part.

Si elle savait!...

ÉDOUARD, en dehors.

Joseph... nous sommes chez ma femme...

RÉVIL, en dehors.

Et dès que les chevaux arriveront...

AMÉLIE, à Jenny, qui en entendant Édouard s'est éloignée.

On vient! ne me quitte pas... que je te sente là... toujours... à mes côtés!...

SCÈNE XV.

HORTENSE, ÉDOUARD, RÉVIL, AMÉLIE, JENNY, GUSTAVE.

HORTENSE, à Révil.

Oui, je me suis pressée pour être ici avant votre départ.

GUSTAVE.

Au point que ma cousine n'a pas même ou- vert une lettre qu'on lui apportait.

HORTENSE.

Ah! oui , au fait , cette lettre...

(Elle la cherche.)

RÉVIL , voyant Amélie et allant à elle.

Amélie !...

AMÉLIE.

Ah ! Révil...

(Ils s'embrassent.)

ÉDOUARD , à Amélie.

Je vous l'aurais amené plus tôt, sans le notaire qui nous a retenus.

(Révil et Amélie causent ensemble.)

GUSTAVE , à Jenny dont il s'est approché.

Mademoiselle, dois-je croire ma cousine?... seriez-vous devenue moins contraire à mes vœux ?...

JENNY.

Oh ! soyez sûr que... s'il dépend de moi... je ferai en sorte...

GUSTAVE.

Que vous êtes bonne!... et combien mon cœur...

(Édouard s'approche d'eux et leur parle bas.)

HORTENSE, s'apprêtant à décacheter sa lettre.

Amélie... vous permettez...

AMÉLIE , à Hortense.

Sans doute. (A Révil.) Ainsi, c'est bien décidé, vous partez ?...

RÉVIL.

Amélie, cette séparation ne m'afflige pas moins que vous... car Mantes, c'est si près... tandis qu'à Marseille, deux cents lieues... mais si je m'éloigne autant... c'est pour m'occuper encore de vous, de votre avenir...

HORTENSE, qui lisait.

Ah! mon Dieu!...

TOUS, se retournant.

Quoi donc?...

HORTENSE.

Mes amis, une grande nouvelle, que vous avez droit de connaître les premiers : Je me marie.

TOUS.

Vraiment!

AMÉLIE, surprise.

Vous, Hortense?... (A part, regardant Édouard.) Il n'est pas troublé! Jenny avait raison... (Avec bonheur.) Ah!...

HORTENSE.

Oui, ma chère... ça a l'air de vous étonner...

AMÉLIE, avec effusion.

Au contraire... et je prends bien part... plus que vous ne croyez... je suis enchantée.

RÉVIL.

Nous le sommes tous.

ÉDOUARD, allant à Hortense.

Oui, sans doute; madame, recevez mes félicitations.

HORTENSE.

Merci, mes amis, il n'y a pas de quoi.

GUSTAVE, à Hortense.

Par exemple, ma cousine, je vous en veux de votre dissimulation... m'avoir laissé ignorer...

HORTENSE.

Ce que j'ignorais moi-même... car jusqu'à présent il n'y avait rien de fait, rien de certain ; ils sont si lents à la chancellerie !...

GUSTAVE.

La chancellerie !...

RÉVIL

Comment ?...

HORTENSE.

Eh ! oui... pour les dispenses.

TOUS.

Des dispenses !

AMÉLIE.

Vous épousez donc un oncle, ou un neveu ?...

HORTENSE.

Je n'en ai pas....

GUSTAVE.

Alors, ce mari, quel est-il donc?...

SCÈNE XVI.

LES MÊMES, DAUPRAT.

DAUPRAT , entrant, d'un ton solennel.

C'est moi...

TOUS.

Dauprat!...

DAUPRAT, allant à Hortense.

Moi-même.... qui apprends à l'instant que j'ai obtenu l'autorisation d'épouser...

TOUS, excepté Hortense.

Votre belle-sœur !...

RÉVIL.

Comment?... c'est permis ?...

DAUPRAT.

Sans doute, oubliez-vous la loi de 1832, qui abroge l'article du code qui interdisait les mariages entre belles-sœurs... (il s'incline avec une galanterie comique devant Hortense, puis, faisant jabot, il ajoute :) et beaux-frères.

JENNY, tressaillant et retirant involontairement sa main que tenait Amélie.

Que dit-il ? ..

AMÉLIE, qui la regarde en souriant.

Eh bien! qu'as-tu donc?... et que te fait à toi...

JENNY, essayant de sourire.

Moi?... rien... rien...

DAUPRAT.

Ainsi, mes amis, je vous invite à la noce, qui aura lieu dans quinze jours.

GUSTAVE.

C'est donc bien décidé, ma cousine?...

AMÉLIE, s'approchant d'Hortense.

Hortense!.... il serait vrai?..... le frère de celui...

HORTENSE, affectant la gaîté.

Eh! mon Dieu, oui! que voulez-vous, ma chère, puisque la loi permet de terminer ainsi nos dissensions... ruineuses.

DAUPRAT.

Ruineuses, c'est bien le mot, voyez quel avantage!...

GUSTAVE.

Un avantage, si l'on veut....

DAUPRAT.

Comment l'entendez-vous?...

GUSTAVE.

Sans doute... vous vous querelliez déja lorsque cela vous coûtait fort cher... et à présent que vous pouvez le faire gratuitement... il est à craindre que vous ne profitiez du bon marché.

DAUPRAT.

Allons donc, mauvais plaisant!.. (A Hortense.) Ne l'écoutez pas, ma chère... d'ailleurs en ménage, il y a aussi les raccommodements... encore une fois, c'est une loi bienfaitrice... loi de paix et d'union.

GUSTAVE.

D'union, oui... mais de paix...

SCÈNE XVII.

LES MÊMES, JOSEPH.

JOSEPH, à Révil.

Monsieur, la voiture est prête...

AMÉLIE.

Eh quoi!... déja?...

RÉVIL.

Il le faut... Ah!... cette lettre pour votre tante...

(Musique.)

AMÉLIE, la lui donnant.

La voici... Adieu, mon ami, mon père!..... embrassez-moi!... hélas!... sais-je si je vous reverrai encore!...

RÉVIL.

Enfant... ces idées sombres...

AMÉLIE.

Oui, je suis folle... et malgré moi... mais revenez... revenez vite, n'est-ce pas?... vous me le promettez... Adieu... adieu!...

RÉVIL, s'arrachant de ses bras.

Édouard; mes amis, (il leur serre la main.) veillez bien sur elle... vous sur-tout, Jenny..... (Jenny qui depuis sa dernière interlocution a paru étrangère à tout ce qui se passe, reste immobile, plongée dans la rêverie.) Jenny!...

AMÉLIE, s'approchant d'elle et lui prenant le bras.

Va donc dire adieu à Révil...

JENNY, tressaillant.

Il part?...

AMÉLIE, étonnée.

Tu n'as pas entendu?... (A part, pendant que Jenny embrasse Révil.) A quoi pensait-elle donc?... (Comme frappée d'une idée soudaine.) Ah!... (Repoussant cette idée avec force.) Oh!... non!...

(Révil remonte le théâtre, accompagné de tout le monde. Amélie reste seule sur le devant de la scène.)

ACTE SECOND.

Un salon. Porte au fond, donnant sur une galerie; portes latérales. A droite, une psyché, à gauche, sur le devant, un secrétaire fermé.

SCÈNE I.

JOSEPH, VICTORINE, puis AMÉLIE.

JOSEPH, à Victorine.

C'est convenu, vous dis-je... j'ai très bien compris... des fleurs dans la galerie... et comme on doit danser dans le salon, les tables de jeu seront mises dans la bibliothèque et dans la chambre de M. Révil...Vous pouvez dire à madame que tout sera prêt avant dix minutes.

(Il sort.)

VICTORINE.

Il suffit...

AMÉLIE, entrant par la droite.

Ah! Victorine... vous étiez avec Joseph...

VICTORINE.

Oui, madame...

AMÉLIE.

Il sait qu'il devra se tenir dans l'anti-chambre pour annoncer... Jenny a dû le lui dire... Où est-elle?

VICTORINE.

Dans la galerie, madame.

AMÉLIE.

Vous l'avez vue... comme elle est bien! n'est-ce pas?... tout ce qu'elle porte lui va à ravir.

VICTORINE.

C'est vrai.

AMÉLIE, avec impatience.

Mon Dieu!... qu'a donc cette robe?... Victorine, voyez donc... il me semble... celle de Jenny lui allait si bien... regardez... arrangez cela... Je crois entendre... c'est peut-être Édouard, hâtez-vous... et puis cette coiffure... mon Dieu! voyez donc, mademoiselle... ce ne sont pas là non plus les fleurs que je desirais... celles de Jenny étaient de meilleur goût... pourquoi ne pas m'en avoir donné de pareilles?

VICTORINE.

Madame est dans l'erreur..... mademoiselle
Jenny n'en a pas.

AMÉLIE.

Ah!... c'est possible... je croyais... c'est bien...
vous pouvez vous retirer. (Victorine sort. Amélie
se regarde dans la psyché.) Oui... oui... Édouard
devra être content... désormais j'apporterai plus
de soin à ma toilette... non pour les étrangers...
par coquetterie... mais pour Édouard, pour lui
seul, et afin de combattre son indifférence, de
ranimer sa tendresse... car c'est toujours là ma
pensée, mon ambition, ma vie... oui, je veux
qu'il me trouve belle... et ne plus lui laisser lire
les tourments de mon cœur, dans ces yeux
éteints, ce visage pâle, amaigri par la douleur... ah! c'est que je souffre tant... depuis un
mois surtout... depuis que ce nouveau, cet
horrible soupçon... Et Révil qui ne revient pas...
ah! que n'est-il ici pour m'entendre... me soutenir... pour me dire que je me trompe... car
cela est impossible, cela n'est pas...

ÉDOUARD, en dehors.

Très bien... très bien... nous en recauserons...
comment?

AMÉLIE, tressaillant.

C'est lui... ne songeons plus à tout cela...
aujourd'hui du moins... l'anniversaire de notre
mariage... ce jour-là doit me porter bonheur!...
le voici... il ne s'attend pas à me trouver ainsi
parée... oh! je vais jouir de sa surprise quand il
s'en apercevra... (Se regardant dans la glace.) Un
dernier coup d'œil... suis-je bien... mais oui...
oui... j'espère... mon Dieu!... fais que je lui
plaise!

SCÈNE II.

ÉDOUARD, AMÉLIE.

ÉDOUARD, à lui-même en entrant.

Maintenant, prévenons Jenny... (Voyant Amélie.) Vous êtes là, chère amie!

AMÉLIE.

Oui... mon ami... j'étais venue... je voulais
consulter Jenny sur (appuyant.) ma toilette.

ÉDOUARD.

Je conçois... elle a tant de goût.

AMÉLIE.

Vous m'approuvez, j'en étais sûre... n'est-il
pas naturel que je veuille faire honneur à une
soirée que vous donnez pour moi... pour fêter
des souvenirs qui me sont si chers!

ÉDOUARD.

Et vous n'êtes pas la seule à les chérir.

AMÉLIE, flattée.

Oh! non, n'est-ce pas?

ÉDOUARD.

Sans doute: la preuve, c'est que.... (Amélie
se penche comme pour recueillir un mot de tendresse.)

parmi nos invités, vous aurez ce soir un ami
sur lequel vous ne comptiez guère.

AMÉLIE, désappointée.

Ah! c'est là ce que vous aviez à me dire?

ÉDOUARD.

Révil a pressé son retour pour se trouver à
notre petite fête.

AMÉLIE.

Ah! vraiment? ce cher tuteur... il m'aime,
lui!

ÉDOUARD.

Il doit être à Paris ce soir. C'est ce qu'il a
écrit à Gustave, qui vient de me l'apprendre,
et je me suis hâté de vous apporter cette nouvelle.

AMÉLIE.

Je vous en sais gré. (A part, avec douleur.) Allons... il n'a rien vu... rien remarqué... Ah! l'in-
grat!... s'il savait.... ce qu'un mot, un seul mot
eût jeté là de consolation et de bonheur!...

(Elle se détourne pour cacher des larmes.)

SCÈNE III.

LES MÊMES, JENNY.

JENNY, deux bouquets à la main.

Tiens, Amélie, tu n'as pas encore de bouquet; veux-tu celui-ci?

AMÉLIE, le prenant.

Merci.

ÉDOUARD.

Jenny! ah! que vous êtes bien comme cela!

JENNY.

Moi?... ma mise est toute simple.

ÉDOUARD.

Mais elle vous va si bien!

AMÉLIE, à part.

Ah! il remarque... pour elle!...

ÉDOUARD.

C'est le goût qui pare, et vous en avez tant!

JENNY.

Mon frère...

AMÉLIE, à part.

Cette insistance...

JENNY.

Ce n'est pas moi qui mérite des compliments,
c'est ma sœur... avez-vous observé...?

AMÉLIE.

Laisse, laisse, Jenny.

JENNY.

Si fait... je tiens à ce qu'on fasse attention....
hein?... pour une convalescente.

ÉDOUARD, embarrassé.

En effet, c'est ce que je me disais tout-à-
l'heure.

AMÉLIE, à part.

Il se le disait!

(Elle effeuille son bouquet par un mouvement involontaire.)

JENNY, se retournant.

Eh bien!... mais... que fais-tu donc là?

AMÉLIE.

Ah!... je ne sais... une distraction...

JENNY.

Moi qui avais mis tant de soins à choisir...

AMÉLIE.

Pardon... pardon, Jenny...

JENNY.

Je vais tâcher de réparer...

AMÉLIE.

Non.... non!... ce n'est pas la peine.... (avec beaucoup d'amertume.) puisque mon mari me trouve bien ainsi. (A part.) Comme il la regarde! (Haut.) Va plutôt, va voir, t'assurer si on n'a rien négligé de mes ordres, si je n'ai rien oublié moi-même... enfin, remplace-moi.

JENNY.

Sois tranquille... j'y cours.

(Elle sort par le fond.)

ÉDOUARD.

Et moi, je...

AMÉLIE, l'arrêtant.

Où allez-vous donc?

ÉDOUARD, se retournant près de la porte.

Chercher Gustave que j'avais laissé au salon, ignorant si vous étiez visible... et puis je n'avais plus pensé.... (On aperçoit Gustave parlant à Jenny dans la galerie. — Appelant à la porte.) Gustave!... viens.... mon cher ami.... viens voir ma femme. (Avec impatience.) Eh bien, Gustave!.... viens donc!...

GUSTAVE, quittant Jenny.

Pardon, mademoiselle...

SCÈNE IV.

ÉDOUARD, GUSTAVE, AMÉLIE.

GUSTAVE, entrant, à Édouard.

Là, encore!... me déranger, quand je commençais à causer avec elle... tu n'y manquerais pas une fois.

ÉDOUARD.

Vas-tu recommencer?

GUSTAVE.

Sans doute, et..(Voyant Amélie.)Ah! madame... excusez...

AMÉLIE.

Qu'est-ce donc, monsieur Gustave?

GUSTAVE.

Un reproche que je lui adressais tout-à-l'heure, et qu'il semble prendre à tâche de justifier...

ÉDOUARD.

Allons donc... finis... c'est bon entre nous.... mais...

GUSTAVE.

Mais, précisément, c'est devant madame que le débat doit être vidé.

AMÉLIE.

Enfin, de quoi s'agit-il?

ÉDOUARD.

Oh! rien... il se monte la tête... il est fou...

GUSTAVE.

C'est qu'aussi il y aurait vraiment de quoi le devenir. Vous savez, madame, qu'il y a un mois, mademoiselle Jenny, après m'avoir d'abord refusé sa main, avait paru me rendre quelque espérance.

ÉDOUARD.

Soit.... mais, encore une fois, je te prie de remettre à un autre moment...

GUSTAVE.

Du tout; il n'y en aura jamais de plus favorable que celui - ci. (A Amélie.) Depuis, je dois l'avouer, ma présence a de nouveau eu l'air de gêner, d'embarrasser votre sœur... on eût dit qu'elle se repentait de sa promesse précipitée.

AMÉLIE, avec agitation.

Ah!

GUSTAVE.

Cependant, il y a huit jours, ayant eu le plaisir de la rencontrer à la noce de ma cousine avec son beau-frère...

AMÉLIE, avec ironie et amertume.

Ah oui!... on peut se marier entre beaux-frères et belles-sœurs... Eh bien! monsieur, à cette fête?...

GUSTAVE.

J'étais parvenu à me faire écouter un instant de mademoiselle Jenny, quand Édouard vint tout-à-coup m'interrompre et nous séparer sous je ne sais quel prétexte. Il est vrai qu'il me promit positivement d'appuyer plus tard mes instances.... mais pas du tout.... et, depuis, je le presse inutilement de tenir sa parole.

AMÉLIE, vivement et avec agitation.

En vérité!

ÉDOUARD, à Gustave.

Je te dis que tu te trompes.

GUSTAVE.

Il y a mieux, madame; il semble éviter à dessein les occasions qui pourraient m'être favorables. Ainsi, le croirez-vous? moi, son ami, son ancien camarade, il ne m'avait pas invité à la fête qu'il vous donne.

AMÉLIE.

Comment, monsieur!...

GUSTAVE, appuyant.

Il ne m'avait pas invité.

ÉDOUARD, à Amélie.

Oubli... distraction...

GUSTAVE, à Édouard.

Tout ce que tu voudras, mais tu ne m'avais pas invité. (A Amélie.) Et encore, madame, si, du moins, en mon absence il eût parlé pour moi... nullement... il vient à l'instant même de s'y refuser... (avec étourderie, en riant.) en vérité, on dirait qu'il est jaloux de sa belle-sœur... (Voyant Amélie tressaillit.) Qu'avez-vous donc, madame?

(Il veut s'approcher comme pour la soutenir.)

ÉDOUARD, avec humeur.

Laisse donc!.. (A Amélie.) Qu'avez-vous, chère amie?

AMÉLIE, repoussant doucement ses soins.

Rien!... je n'ai rien...

GUSTAVE, voyant entrer Dauprat et Hortense.

Ah! ma cousine, et son nouveau mari, le docteur... (A Édouard.) ils sont plus heureux que moi; tu ne les as pas oubliés, eux...

SCÈNE V.

Les Mêmes, DAUPRAT, HORTENSE.

DAUPRAT.

Mes chers amis... (A Amélie.) Madame... nous sommes un peu en avance... mais c'est exprès... pour causer ensemble de votre santé.

AMÉLIE.

Merci... toujours dévoué.

HORTENSE.

Oh!... d'abord, mon mari! des consultations!... il en fait partout, même au bal..... Allons, monsieur, croyez-en donc ce que vient de nous dire Jenny; il n'y a qu'à voir. (Montrant Amélie.) Ce teint brillant, animé...

DAUPRAT, à qui Amélie a donné la main.

Oui, de la chaleur... (tâtant le pouls.) de l'agitation.

HORTENSE.

Auriez-vous eu quelque contrariété?...

AMÉLIE.

Moi?... non...

DAUPRAT.

Tant mieux... il faut les éviter à tout prix... c'est essentiel; et quant à votre fête, voyez-vous, ne la prolongez pas trop... retirez-vous de bonne heure.

HORTENSE.

Ah! par exemple! Amélie se reposera demain... voulez-vous nous priver sitôt de sa présence!... d'ailleurs, je veillerai à ce qu'elle ne se fatigue pas... nous causerons...

AMÉLIE, s'efforçant de paraître gaie.

Oui... de vous, de votre nouveau mariage... vous vous trouvez bien heureuse, n'est-ce pas? M. Dauprat doit être un si bon mari!

HORTENSE.

Lui? c'est le plus grand despote... il ne vaut pas mieux que les autres.

AMÉLIE, souriant.

De quoi vous plaignez vous donc?

HORTENSE.

De son horrible conduite.

AMÉLIE.

Ah mon Dieu!

DAUPRAT, riant.

Ah! ah! ah!... chère amie...

HORTENSE.

Quand la chancellerie lui eut expédié l'au-

torisation qu'il sollicitait, il me l'apporta comme si... comme s'il me mettait le pistolet sur la gorge. Il ne me donna pas le temps de me reconnaitre... à l'entendre nous ne serions jamais mariés assez tôt. Bref, il m'étourdit, me fascine, m'entraine... m'entraine partout où il veut; il me fait signer, parapher, jurer de lui être fidèle et soumise... je signe de confiance, sans réfléchir...

DAUPRAT.

Tant pis; ça m'est égal... la signature est bonne et valable.

HORTENSE.

Eh! je le sais, monsieur; et puisque j'ai signé, juré, c'est fini; je ferai mon possible pour tenir mes serments... mais si jamais l'occasion se représente...

DAUPRAT, qui allait prendre une prise de tabac, s'arrêtant.

Par exemple!... madame Dauprat!

HORTENSE, éclatant de rire.

Ah! ah! ah! du tout... non... ah!... ah!...

DAUPRAT.

A la bonne heure... d'autant que je suis le dernier des Dauprat, je vous en préviens... (d'un air galant.) quand je dis le dernier... sans préjudice de l'avenir.

HORTENSE, d'un air pudique.

Monsieur, monsieur!

AMÉLIE.

Enfin?...

HORTENSE.

Enfin, il me donne un repas, un bal de noces, vous y avez tous assisté... il m'installe solennellement chez lui, dans ce qu'il appelle le domicile conjugal; enfin, je suis sa femme, sa femme aussi irrévocablement que possible...

DAUPRAT, en riant.

Oh! ça!

HORTENSE, continuant.

Pas du tout.... C'est que monsieur ne m'avait fait oublier qu'une chose.

TOUS, excepté Dauprat.

Quoi donc?

HORTENSE.

Les dispenses de Rome. Nous ne les sollicitons que par le courrier d'aujourd'hui. Je vous demande un peu à quoi elles seront utiles quand elles arriveront!

(Tout le monde rit.)

DAUPRAT, riant.

Ah! ah! ah! que diable!... un oubli... péché d'omission, péché véniel; d'ailleurs la Cour de Rome ne manque pas *d'indulgence*. (Prenant galamment la main à Hortense) A cela près, chère amie, je crois que vous ne vous plaignez pas de la loi qui nous a rendu le mariage entre beaux-frères et belles-sœurs.

HORTENSE, minaudant.

Taisez-vous.

GUSTAVE.

J'ai entendu plus d'un magistrat en faire la critique, de votre loi.

DAUPRAT.

Bah!

HORTENSE, vivement.

En quoi, s'il vous plaît, est-elle mauvaise?

GUSTAVE.

On prétend, ma cousine, qu'elle peut occasionner dans les familles des querelles, des jalousies. (mouvement d'Amélie.) suggérer à des cœurs égarés de coupables vœux, d'odieux calculs sur la santé, sur la vie des parents qui devaient leur être le plus chers.

AMÉLIE, l'interrompant.

Monsieur Gustave!... mes amis, voici l'heure où l'on doit arriver... il y a peut-être déja du monde dans le salon... si nous y passions.

DAUPRAT.

C'est juste; il ne s'agit pas ici de discuter des lois, mais de s'amuser, ce qui est bien différent... et en fait de plaisir, les dames sont nos législatrices souveraines... (A Amélie.) Madame...
(Il lui donne la main; Gustave prend celle d'Hortense. — Ils sortent.)

SCÈNE VI.

ÉDOUARD, seul.

Ah! j'ai besoin de respirer seul un moment : j'étais au supplice! maudit soit l'étourdi qui vient ainsi me poursuivre de ses reproches, et de son bavardage plus cruel encore!... jaloux de ma belle-sœur!... hélas... il n'est que trop vrai... c'est en vain que je cherche à me le cacher à moi-même; oui, Gustave a raison; et la seule idée que Jenny... cet ange dont la présence est devenue si nécessaire à mon bonheur... ah! pourquoi Jenny a-t-elle repoussé mes vœux lorsque je pouvais l'aimer et le lui dire sans crime... ou plutôt pourquoi est-elle revenue ici et reveiller par sa présence des sentiments dont je croyais avoir triomphé pour jamais. Il faut en finir pourtant; mais comment? mes efforts pour surmonter une passion insensée sont inutiles... dernièrement encore, quand Gustave réclama mon appui auprès de Jenny, je promis et je voulus tenir parole... depuis huit jours je m'y préparais, je rassemblais mon courage. Enfin, hier, je viens à elle pour lui parler en faveur d'un autre. Vain effort! je n'ai pu lui parler que de moi-même; et malgré moi, je ne sais comment, l'aveu de mon amour m'a échappé... elle a fui épouvantée... elle a fui! si je lui étais indifférent, aurait-elle eu besoin de me fuir! Plus de doute! mes sentiments, mes combats, elle les partageait en silence. Jenny m'aime! et je m'en applaudis! ah! malheureux que je suis!.... dois-je m'abandonner à ce délire, qui déja pouvait tout compromettre et tout perdre, si Amé-

lie, moins certaine de ma tendresse, pouvait en douter un moment! mais ce danger, dont l'idée seule m'épouvante, qui m'assure que, demain, dans une heure, il ne se reproduira pas plus menaçant, plus terrible encore? ne suffit-il pas d'un regard, d'un mot imprudent pour éclairer Amélie? Amélie qui m'aime tant! ma femme, la mère de mon enfant... Ah! pendant qu'il en est temps encore, il faut triompher de ma faiblesse, élever une barrière entre Jenny et moi... oui, c'est un devoir, j'en aurai le courage... La voici... allons, point d'hésitation... pensons à Amélie qui a reçu mes serments, et qui, elle aussi, mérite tant d'être aimée.

SCÈNE VII.

ÉDOUARD, JENNY.

JENNY.

Je vous cherche, Édouard. Que s'est-il donc passé? qu'a t-on dit à ma sœur? et d'où vient que depuis un moment je la trouve si changée avec moi?

ÉDOUARD, alarmé.

Elle?

JENNY.

Oui, tout-à-l'heure, dans le salon, il me semblait la voir jeter sur moi des regards inquiets et presque irrités.

ÉDOUARD, à part.

Ciel! (Haut.) Oh! vous vous serez trompée..

JENNY.

C'est ce que je me serais dit hier encore... quelle raison aurais-je pu supposer à ma sœur pour être irritée contre moi... mais maintenant, monsieur, après...

ÉDOUARD.

Ah! grace, Jenny, grace pour le langage d'un insensé... oubliez mon secret.

JENNY.

Et suffit-il que je l'oublie, si vous le lui avez laissé deviner! savez-vous qu'il y va de son repos, de sa santé, de ses jours!... Oui, monsieur, oui, elle me l'a dit : votre amour c'est son bonheur, sa vie... et si elle vient une fois à douter de votre cœur, ah! j'ai tout à craindre pour elle. Ma pauvre sœur! Et c'est moi qui serais cause!... non, non, il faut que je sorte de cette affreuse incertitude... Encore une fois, que s'est il donc passé?... vous ne répondez pas?... faudra-t-il, pour le savoir, que je m'adresse à elle-même?

ÉDOUARD.

Arrêtez! vous voulez que je vous l'apprenne?... vous l'exigez... eh bien!... tout-à-l'heure, Gustave, en présence d'Amélie est venu réclamer de moi une explication que j'aurais voulu détourner au prix de mon sang. Il la prenait pour juge entre nous; il voulait qu'elle me demandât pourquoi je ne vous parlais pamais de lui, pourquoi je semblais toujours mettre obstacle à votre union. Il me reprochait mes assiduités, enfin... (avec effroi.) il a dit à ma femme que j'étais jaloux de ma belle-sœur...

JENNY.

Grand Dieu !... et Amélie a des soupçons ! ma sœur !... ma sœur ! elle !... contre moi !...

ÉDOUARD.

Rassurez-vous : Gustave n'a pas dit sérieusement... Amélie n'a pu croire encore...

JENNY.

Et qui vous dit que plus tard... Oh ! non, monsieur, non l'avenir... de ma sœur ne doit pas rester ainsi mis au hasard... il faut prendre un parti... cherchez, imaginez... comment détruire ses soupçons, et surtout les empêcher à jamais de renaître ?... n'en est-il aucun moyen ?

ÉDOUARD.

Un seul.

JENNY.

Eh bien ! hésiteriez-vous ?

ÉDOUARD.

C'est de vous qu'il dépend.

JENNY, avec élan.

Tant mieux !... parlez.

ÉDOUARD, à part.

Du courage ! (Haut avec effroi.) Gustave vous aime ; dites un mot... et...

JENNY.

Moi ! que me proposez-vous ?... il m'aime, dites-vous... et pour prix de sa tendresse, je le tromperais !...

ÉDOUARD.

Oh ! non !...

JENNY.

Mais je ne l'aime pas, moi... je ne puis pas l'aimer... son amour ferait mon malheur ; comme mon indifférence ferait le sien. Ce mariage est impossible...

ÉDOUARD.

Jenny !

JENNY.

N'est-il donc pas quelque autre sacrifice que je puisse faire à ma sœur ? je l'accepte, j'y souscris d'avance. Ecoutez, vivre près d'Amélie, la voir, veiller sur elle, l'entourer des soins les plus tendres, tel fut toujours mon bonheur, le seul que je n'aie cessé d'envier... Eh bien ! une fois déjà, j'y ai renoncé, je me suis éloignée d'elle...

ÉDOUARD.

En effet, et ce départ subit, dont nous avons tous ignoré la cause.

JENNY, avec effroi.

Ah ! ne me la demandez pas. Qu'il vous suffise d'apprendre tout ce que j'ai souffert durant cette cruelle séparation. Ma sœur ! c'est-à-dire tout ce que j'aime au monde depuis que j'existe, Amélie que je n'avais jamais quittée un seul jour, un seul instant... la fuir tout-

à-coup, m'exiler à l'autre bout de la France, et là, recevoir d'elle les prières, les supplications les plus pressantes, et ne pas accourir !..

ÉDOUARD.

Jenny !... ma sœur !

JENNY.

Eh bien !... faut-il m'éloigner encore ? dites ; et plutôt que de jeter le plus léger trouble dans son existence, me voilà prête... je pars... oui... dût-elle m'accuser encore d'égoïsme et d'ingratitude, je l'aime assez pour ne la jamais revoir... (pleurant.) jamais... elle ! ma sœur !... n'importe !... dites-le : le voulez-vous ?...

ÉDOUARD, tristement.

Eh ! mon Dieu ! Amélie emploiera de nouveau les prières et les larmes pour vous retenir ; et vous céderez encore !

JENNY.

Hélas !

ÉDOUARD.

Si du moins elle était plus souvent près de nous... mais le soin de sa santé le lui défend... nous ne pourrions, sans exciter ses soupçons et ceux du monde, fuir toutes les occasions de nous trouver ensemble... les liens qui nous unissent nous forcent à vivre ainsi, nous font presque un devoir de ce danger de tous les jours...

JENNY, avec terreur.

Ah !

ÉDOUARD.

Jenny !... consentez à être la femme de Gustave... hâtez-vous !... car ma tête se trouble, ma raison s'égare, quand je songe... ah ! Jenny ! ne me refusez pas, vous dis-je... ou la prière que je fais aujourd'hui, demain peut-être je n'aurais pas la force de la renouveler.

JENNY, éperdue, avec égarement.

Assez !... assez !... oui, vous avez raison, il faut nous séparer... je cède, je consens à tout... disposez de moi, quand je devrais être à jamais malheureuse.

<hr>

SCÈNE VIII.

LES MÊMES, AMÉLIE.

AMÉLIE, entrant par le fond, à part.

Malheureuse !... et de quoi donc ?...

ÉDOUARD.

Jenny !... chère Jenny !... calmez-vous !

JENNY, apercevant Amélie.

Ma sœur !

ÉDOUARD, bas à Jenny.

Silence !... voulez-vous qu'elle devine tout. (Haut.) Rassurez-vous, ma chère Jenny, tout cela va s'arranger.

AMÉLIE, s'avançant avec effort.

Mais qu'y a-t-il donc ? (A Jenny.) Jenny, puis-je savoir ?...

ÉDOUARD.

Sans doute, Amélie; et tu ne seras pas moins satisfaite que moi d'apprendre ce que je viens de découvrir. Tu t'affligeais chaque jour du changement qui s'était opéré dans le caractère de Jenny.

AMÉLIE.

En effet !

ÉDOUARD.

J'en connais enfin la cause... je viens de lui arracher le secret de sa tristesse...

AMÉLIE.

Ah !

ÉDOUARD.

Oui ! j'avais quelques soupçons de la vérité... j'ai questionné Jenny, qui n'a pu me le cacher : (avec mystère.) la pauvre enfant... était... jalouse.

AMÉLIE.

Jalouse! (allant à Jenny.) jalouse, toi, Jenny !.. quel mal cruel, n'est-ce pas?... quel affreux, quel insupportable tourment!... ah! je te plains... aimer... aimer avec passion et se dire : Celui que j'aime en aime une autre!... ah! ce n'est plus vivre alors... plus de repos, plus de santé... plus de confiance... non de la colère... de la haine... des desirs de vengeance...

JENNY.

Ma sœur !

AMÉLIE.

Oui : car la jalousie, vois-tu... c'est du délire... de la folie... et alors, il n'y a pas d'idée affreuse qui ne puisse entrer dans l'esprit... ah ! tu es jalouse aussi, toi! mais pourquoi ne me le disais-tu pas ?

JENNY, à part.

O mon Dieu !

AMÉLIE.

Et d'où vient qu'en ce moment tu restes muette et tremblante?

JENNY.

Moi...

AMÉLIE.

Ah! tu sens que j'ai le droit de me plaindre... tu redoutes mes reproches, n'est-il pas vrai? me cacher ainsi ce qui se passait dans ton cœur, à moi qui t'ai cent fois ouvert le mien!... à moi, si confiante !... pourquoi ne me disais-tu rien de ce que tu éprouvais, Jenny? que pouvais-tu craindre d'une sœur, (appuyant.) qui t'a toujours si tendrement aimée... qui ne t'aurait pas trahie...

ÉDOUARD, vivement, avec une gaîté feinte.

Oh ! mais, c'est que tout cela était moins sérieux que tu ne parais le croire... vous autres femmes, sur la plus légère apparence, vous bâtissez tout de suite des suppositions... et parceque depuis quelque temps les visites de Gustave ont été plus rares... et puis le souvenir des attentions qu'elle avait cru lui voir pour

une autre, au dernier bal où ils se sont rencontrés... enfin... Jenny ne s'est-elle pas imaginé...

AMÉLIE.

En vérité !

ÉDOUARD.

Heureusement je l'ai détrompée. Grace à moi, elle ne doute plus de la constance de Gustave.

AMÉLIE.

Ah! tu as bien fait... ce que j'apprends là me ravit et m'enchante... car alors, Jenny, rassurée désormais sur les sentiments de M. Gustave, ne refusera plus sans doute...

ÉDOUARD.

De l'épouser?... non, certainement...

AMÉLIE.

Un instant... je conçois, Édouard, que l'intérêt que vous portez à votre ami vous fasse interpréter ainsi le silence de ma sœur... mais je desire la consulter, l'entendre me répéter elle-même... Eh bien, Jenny, réponds - moi donc! tout ce que vient de dire Édouard?...

JENNY, avec effort.

Est la vérité.

AMÉLIE, étonnée.

Ah!... ainsi, tu consens ?...

JENNY, d'une voix altérée.

Oui, ma sœur...

AMÉLIE, avec joie.

C'est bien!... réjouis-toi, alors... car une circonstance que tu ne pouvais prévoir va hâter l'accomplissement de tes vœux, et presser cette union...

ÉDOUARD.

Comment ?

JENNY, à part.

Que veut-elle dire ?...

AMÉLIE, à Édouard.

Oui, mon ami, je viens de promettre au docteur de ne pas différer davantage ce voyage en Italie pour lequel il a tant de fois insisté. (A Jenny.) Et tu sens bien, Jenny, que nous ne nous éloignerons pas sans t'avoir vue mariée et heureuse avec Gustave.

JENNY.

Et cependant il faudra bien quelque temps encore... car, vous sentez... je ne puis, ni ne dois, en l'absence de mon tuteur...

AMÉLIE.

Rassure-toi... M. Gustave ne t'a donc pas dit ce qu'il avait appris à mon mari en arrivant?

JENNY.

Quoi donc ?...

AMÉLIE.

Révil a écrit de Marseille qu'il se mettait en route, et qu'il serait à Paris ce soir, ce soir même... pour notre fête... et en effet, c'en sera une pour nous tous!...

JENNY, à part.

Oh !... tout est contre moi...

ÉDOUARD, à part.

Pauvre Jenny !...

AMÉLIE.

Et maintenant qu'il n'y a plus d'obstacle, je vais moi-même annoncer à Gustave, à tous nos amis...

JENNY, avec un élan involontaire, arrêtant sa sœur qui allait remonter.

Oh ! non !

AMÉLIE, se retournant avec un regard scrutateur.

Qu'as-tu donc ?

JENNY.

Pas sitôt... pas ce soir...

AMÉLIE.

Pourquoi ?

JENNY, agitée et répondant sans réfléchir.

Puisque tu pars, mon mariage n'est plus...

(Édouard la regarde, elle s'arrête brusquement.)

AMÉLIE.

Eh bien ?...

JENNY.

Il ne servirait qu'à te retarder... non... ne t'en mêle pas... va en Italie... laisse-moi avec mon tuteur... et ensuite... lui et moi, nous verrons... nous déciderons plus tard...

AMÉLIE.

Plus tard !...

ÉDOUARD, qui a montré la plus vive anxiété, se hâtant d'interrompre.

Eh ! mais... ce bruit dans la cour... une voiture... le fouet d'un postillon...

JENNY, avec joie.

Mon tuteur, sans doute.... Ah ! s'il était vrai...

ÉDOUARD.

En effet, c'est lui-même... je cours...

(Il sort rapidement.)

JENNY.

Oh ! oui... allons. (Se retenant.) N'est-ce pas, ma sœur ?

AMÉLIE.

Va ! va !

(Jenny sort.)

SCÈNE IX.

AMÉLIE, seule, avec une irritation croissante.

Plus tard !... oui, c'est cela... ah ! je les comprends... des délais, des retards... c'est cela !... ainsi parceque je me suis contenue devant eux... parceque je n'ai pas éclaté... ils croient que je n'ai rien vu... rien deviné... je les ai surpris là tous deux, interdits et pâles, et tremblants... Et parceque j'ai eu pitié d'eux... oui, pitié... je ne l'aurais pas dû... il fallait les confondre, les écraser... je ne l'ai pas fait, et voilà maintenant que le courage et l'espoir leur reviennent... (avec colère.) oui, l'espoir, oui... on le disait ici tout-à-l'heure encore... « Des vœux

coupables, d'odieuses espérances. » Et en me voyant faible, souffrante... moi, moi qu'ils ont frappée au cœur... moi, qui me meurs... Plus tard ! ah !... Et c'est elle... Jenny... Oh ! mais c'est affreux cela !.... ma sœur.... une sœur !.... trahir sa sœur, la tuer !... Oui, elle le sait bien... lui aussi... Ces fleurs... ces diamants ne cachent pas si bien les traces du mal qui me consume qu'elles puissent échapper à leurs yeux... Et si cela est... eh bien !... (elle arrache son collier, les fleurs de ses cheveux, ses bracelets.) eh ! bien... maintenant... maintenant ils les verront... ils verront leur ouvrage... et s'ils m'interrogent, je leur dirai... c'est vous .. vous qui m'avez tuée... toi, ma sœur !... toi Édouard... je vous aimais, (avec ame.) oh ! oui, je vous aimais !... et vous m'avez tuée !... tuée !... On vient... ce sont eux... ah !... je... (S'arrêtant.) Ils ne sont pas seuls... mon Dieu!.. que faire... ce qui se passe en moi... je souffre tant... je... soutenez-moi... donnez-moi la force de me taire.

SCÈNE X.

AMÉLIE, RÉVIL, ÉDOUARD, HORTENSE, JENNY.

RÉVIL.

Venez, venez... il me tarde... (Apercevant Amélie.) La voici... chère Amélie.

AMÉLIE.

Mon ami... mon père !

HORTENSE, qui l'observe.

Cette agitation...

RÉVIL, qui lui a baisé le front.

Votre tête est brûlante.

JENNY, qui lui prend la main.

Ta main glacée...

AMÉLIE, retirant sa main.

Laissez-moi.

ÉDOUARD.

Ces fleurs, ce désordre... qu'avez-vous, chère amie ?

AMÉLIE, tournant vers lui des yeux égarés.

Ce que j'ai !

RÉVIL.

On vous disait si bien tout-à-l'heure ; quelle peut être la cause... Souffrez-vous ?... (Amélie porte la main à son cœur.) Vous étiez seule ici.... qu'est-ce donc ?... Parlez.

AMÉLIE.

Ne m'interrogez pas...

SCÈNE XI.

LES MÊMES, DAUPRAT.

ÉDOUARD, à Dauprat qui entre.

Eh ! venez docteur... venez !

TOUS, excepté Dauprat.

Comment...

DAUPRAT, quittant Jenny.

Sans doute... rien de plus naturel... je vous avais prévenus... la chaleur, le bruit, les lumières...

AMÉLIE.

Oui... oui... c'est cela... Et je me sens si émue... si hors de moi... pardon... permettez que je me retire... Pardon, mon ami... mais...

ÉDOUARD, à Amélie.

Je t'accompagne...

AMÉLIE.

Non... restez... recevez nos amis... (Allant vers la chambre à pas lents et pénibles.) J'aurai bien la force de regagner seule ma chambre.

JENNY, allant vers Amélie qui est près de la porte de droite.

Ma sœur...

AMÉLIE, se retournant, avec explosion.

Que me voulez-vous ? où allez-vous ?... que cherchez-vous ici ? qu'y venez-vous faire ?

JENNY, stupéfaite.

Mais... ma sœur... veiller près de toi...

AMÉLIE, énergiquement.

Qui vous en prie ?... non... non... je ne veux pas de vous... je vous défends de me suivre... (elle chancelle.) laissez-moi !...

JENNY, allant pour la soutenir.

Amélie !...

AMÉLIE, la repoussant.

Laissez-moi ! (elle pousse un cri comme si elle allait défaillir, et se précipite dans sa chambre.) Ah ! ah !...

TOUS, étonnés.

Grand Dieu !...

JENNY.

Ah !... je vais...

DAUPRAT, la retenant.

Restez, Jenny... ne l'irritez pas... et vous, Hortense, Édouard, suivez-la... donnez-lui de l'air... tout de suite, pendant que je...

(Il cherche autour de lui de quoi écrire, Édouard et Hortense se précipitent dans la chambre.)

SCÈNE XII.

RÉVIL, DAUPRAT, JENNY.

RÉVIL, à part.

Que signifie ?... et qu'a-t-il pu se passer en mon absence ?

JENNY, sanglottant.

Mon Dieu !... ma sœur !... ma sœur !...

DAUPRAT.

Enfant !... ne vous désolez donc pas.

JENNY.

Ah ! docteur... concevez-vous ?... ma sœur qui me repousse... elle accepte les soins de madame Dauprat et elle ne veut pas des miens...

DAUPRAT.

Bizarrerie, caprice de malade, auquel la prudence veut qu'on cède, mais dont il ne serait pas raisonnable de s'affecter... D'ailleurs, je sais comment triompher de cette crise passagère !...

RÉVIL.

Vous avez beau dire, ce n'est pas là seulement une santé qui souffre... c'est l'ame... c'est le moral...

DAUPRAT, piqué

Ah ! si vous voulez être le médecin, alors... (A Jenny.) Soyez tranquille, grace à une ordonnance que je vais vous écrire. (Il va au secrétaire et essaie de l'ouvrir.) Eh bien !... ce secrétaire...

JENNY.

Il est fermé.

DAUPRAT.

Où est la clef ?

JENNY.

Sur moi...

DAUPRAT.

Donnez vite...

JENNY, détachant la clef.

Oui, tenez !...

(Elle la lui donne.)

SCÈNE XIII.

LES MÊMES, ÉDOUARD, HORTENSE.

ÉDOUARD, à Hortense, en rentrant.

Madame, j'ignore ce qu'elle a pu vous dire tout bas... mais vous concevez... dans sa situation... il ne faudrait pas croire...

HORTENSE.

Avez-vous peur ?...

TOUS, se tournant vers eux.

Eh bien ?

ÉDOUARD.

Eh bien ! elle nous renvoie... elle exige que nous retournions près de nos invités, que nous la laissions seule...

HORTENSE.

Et nous n'avons pas osé la contrarier.

ÉDOUARD.

J'ai seulement dit à Victorine de rester dans le cabinet voisin.

DAUPRAT.

Très bien, du calme, de la solitude... c'est ce qu'il lui faut, avec ce que je vais écrire...

(Il va au secrétaire, l'ouvre et se met à écrire.)

ÉDOUARD.

Et maintenant, mes amis, quoique ça devienne une bien triste fête, ne fût-ce que pour complaire à ma femme...

RÉVIL.

Et pour éviter les fausses conjectures... oui,
il faut rentrer au salon... vous surtout Jenny...
sa sœur... votre présence suffira pour dissi-
per... Venez... allons ensemble.

HORTENSE, bas à Révil, d'un air de mystère.

M. Révil, j'ai un mot à vous dire...

RÉVIL, étonné, bas.

A moi?... (Elle lui fait signe de ne rien laisser
apercevoir — Haut à Jenny.) Je reviens...

(Il va avec Jenny vers le fond.)

ÉDOUARD, bas à Hortense.

Madame, peut-être tenez-vous dans votre
mains le repos d'une famille... je me fie à votre prudence.

HORTENSE.

Il faut vous fier à mon cœur.

ÉDOUARD.

Merci.

(Il lui baise la main et sort.)

SCÈNE XIV.

DAUPRAT, HORTENSE.

DAUPRAT, qui achève d'écrire.

Ah!... voici une ordonnance, par exemple!...
(Se levant.) Tiens, vous ne les suivez pas, chère
amie?

HORTENSE.

Non...

DAUPRAT.

Pourquoi ça?...

HORTENSE.

Parcequ'il faut que je parle à M. Révil.

DAUPRAT.

Eh bien! mais alors, il me semble que le
meilleur moyen serait de...

(Il fait le geste de sortir.)

HORTENSE.

Du tout... il s'agit d'un entretien particulier.

DAUPRAT.

Oh! alors, c'est différent...

(Il s'assied.)

HORTENSE.

Eh bien!...

DAUPRAT.

Eh bien?

HORTENSE.

Il me semble alors que...

(Elle lui répète le geste de s'en aller.)

DAUPRAT.

Plait-il?... Entendez-vous pas là que moi-
même j'y serais de trop?...

HORTENSE.

Ah! mon ami... vous avez une pénétration...

DAUPRAT, se levant avec dépit.

Madame!...

HORTENSE.

On ne peut rien vous cacher.

DAUPRAT.

C'est-à-dire, au contraire, que vous voudriez
me cacher quelque chose.

HORTENSE.

Eh! monsieur, vous devez bien comprendre
que ça ne concerne qu'Amélie.

DAUPRAT.

Justement, madame... voilà ce qui me blesse
le plus : me faire des mystères au sujet de mes
malades... encore si c'était pour votre compte.

HORTENSE, avec un élan d'indignation.

Eh bien !... par exemple !...

DAUPRAT, se radoucissant, d'un ton d'excuse.

Non, non, ne vous fâchez pas... je veux
dire que mon bonheur de mari... (avec galanterie.) Je vous l'abandonne aveuglément, sans
inquiétude... j'ai confiance! mais pour mon
honneur de médecin...

HORTENSE.

Qu'est-ce que je puis y faire ?

DAUPRAT.

Le plus grand tort... en ne m'avertissant pas
des moindres découvertes que... parcequ'enfin
un docteur doit tout savoir...

HORTENSE.

Alors, il ne doit rien demander...

DAUPRAT.

Ah ! vous le prenez comme ça... eh bien !
madame, je vous préviens que je ne bouge
pas de là pendant tout votre entretien avec
Révil...

HORTENSE.

Eh bien ! monsieur, comme vous voudrez...
car au fait, je me tourmente là bien mal-à-pro-
pos... restez... je ne m'y oppose plus... restez
tout à votre aise...

DAUPRAT, satisfait.

A la bonne heure donc, chère amie, je
vous retrouve. (A part.) Car au fond elle est
d'une douceur... tout dépend de la manière de
s'y prendre.

HORTENSE.

Ah! le voici...

GUSTAVE, au fond, à Révil qu'il accompagne.

Vous me promettez?...

RÉVIL.

Comptez sur moi, vous dis-je, et revenez ici
demain matin... j'aurai vu Jenny... et nous
parlerons de tout cela... (Il lui donne la main.)
Au revoir! à demain !

(Gustave disparaît, Révil entre vivement et va à Hortense.)

SCÈNE XV.

LES MÊMES, RÉVIL.

RÉVIL.

Eh bien, madame, ce que vous aviez à
m'apprendre... auriez-vous découvert quelques
indices ?

DAUPRAT.

Des indices... c'est cela même... nous avons remarqué.... (A Hortense.) Parlez... parlez, chère amie...

RÉVIL.

Je vous en conjure...

HORTENSE.

Oui, monsieur Révil, j'avais à vous dire de vive voix quelque chose de secret, si mon cher mari que voilà n'avait voulu rester à toute force pour l'entendre aussi, ce qui m'obligera à me contenter de vous l'écrire.

DAUPRAT, outré.

Par exemple, madame !

HORTENSE, allant au secrétaire.

Je vous disais bien que vous pouviez rester.

DAUPRAT, à Révil.

Mon ami, mon cher ami, je vous demande bien pardon de la malhonnêteté que vous fait ma femme. (Se retournant comme pour aller vers sa femme.) Fi ! Hortense, c'est indigne !

HORTENSE, écrivant.

C'est comme ça.

DAUPRAT, furieux.

Madame !

RÉVIL, qui le retient.

Allons donc ! Dauprat, vous êtes d'un caractère trop raisonnable, trop grave...

DAUPRAT.

C'est juste, ma gravité ne me permet pas d'être en colère... (à part.) mais sans ça !...

HORTENSE, revenant avec un papier qu'elle donne à Révil.

Tenez, monsieur Révil.

DAUPRAT, éclatant.

Et sur le papier où j'avais écrit, encore !...

HORTENSE, d'un grand sang-froid et d'un air gracieux.

Venez-vous, mon ami ?... (Il lui fait une mine de colère.) Allons... votre bras.

DAUPRAT.

Elle a l'audace de me demander...

HORTENSE.

Eh bien !...

DAUPRAT, lui donnant le bras.

Puisqu'il le faut... Je vous recommande mon ordonnance...

(Il sort avec elle.)

SCÈNE XVI.

RÉVIL, seul.

Qu'a-t-elle donc de si secret à me révéler ? (Haut.) Lisons... Oh ! ciel !... mes yeux me trompent... (Il lit haut.) « Amélie s'est penchée vers « moi à l'insu de son mari, et elle m'a dit « bas à l'oreille : — Obtenez de mon tuteur « qu'il emmène Jenny loin de moi, il y va de « ma vie. » Jenny ! quoi !... ce qui s'est passé tout-à-l'heure, en ma présence, n'était donc pas l'effet d'une crise momentanée !... Amélie est irritée contre sa sœur !... elle la fuit... elle la redoute !... et pourtant, (regardant le papier.) elle n'ose le dire qu'à l'insu de son mari !... ah !... je tremble de deviner !... quelle terrible responsabilité une pareille confidence fait peser sur moi !...

(Il reste plongé dans ses réflexions. La porte du fond s'ouvre ; Jenny entre sans bruit, va à la porte de la chambre d'Amélie, et paraît écouter avec inquiétude.)

SCÈNE XVII.

RÉVIL, JENNY.

JENNY, à part.

Rien !

RÉVIL.

Il faut prendre un parti ; il faut... (Se retournant.) Que vois-je ? Jenny !... penchée contre la porte de sa sœur !... écoutant avec une tendre inquiétude !... (L'appelant.) Jenny ! (Il va jusqu'à elle et la prend par le bras.) Jenny !

JENNY.

Ah ! mon tuteur...

RÉVIL, l'amenant sur le devant de la scène.

Venez...

JENNY, dont les yeux restent tournés vers la chambre d'Amélie.

Elle est calmée, n'est-ce pas ?

RÉVIL.

Elle le sera, j'espère... j'y travaillerai du moins...

JENNY.

Ah !... si vous en savez le moyen !...

RÉVIL, lentement en l'observant.

Mais... pour cela... j'aurais besoin de savoir d'abord la cause de son trouble... vous ne la connaissez pas, vous ne la devinez pas ?...

JENNY, avec candeur.

Oh ! si !...

RÉVIL.

Ah !

JENNY, pleurant.

Ma sœur... oh ! monsieur... ma sœur !

RÉVIL.

Eh bien ?

JENNY.

Elle m'accuse... elle me soupçonne... (Baissant la voix.) Oui... Amélie... Amélie est jalouse de moi.

RÉVIL, à part.

Elle avoue ! (Haut.) Jalouse de vous !... mais à tort, sans motif, sur des chimères...

JENNY.

Plût au ciel !

RÉVIL.

Quoi !... Édouard... vous l'aimiez ?... (Jenny garde le silence.) Et... lui ?...

JENNY, hésitant.

Monsieur...

RÉVIL.

Répondez... il ne vous aimait pas.,.

JENNY.

Ah ! voilà ce qu'il faut faire croire à ma sœur.

RÉVIL.

Il vous aime !

JENNY, vivement.

Mais sans avoir jamais obtenu l'aveu de mes sentiments... même quand il était libre encore, quand je pouvais être sa femme...

RÉVIL.

Sa femme !... que dites-vous ?...

JENNY.

Je ne vous cacherai rien... Il y a deux ans, lorsque M. Édouard de Révannes fut présenté ici , ce fut moi qu'il rechercha d'abord... moi dont il s'efforça de gagner le cœur.

RÉVIL.

Qu'entends-je !

JENNY, lui montrant la porte d'Amélie.

Chut !... de grace...

RÉVIL.

Rassurez-vous... elle repose... achevez... A cette époque Édouard vous aimait, dites-vous?

JENNY.

Oui... il m'aimait... et moi je sentais déja que tout le bonheur de ma vie dépendait de cet amour , lorsque, tout-à-coup, je m'aperçois que ma sœur , trompée par des apparences, qui pouvaient en effet justifier son erreur , se croit l'objet des assiduités d'Édouard, et qu'elle l'aime aussi... Bientôt Amélie s'inquiète , s'afflige du silence ou de la réserve d'Édouard. Elle m'ouvre son cœur , me confie ses chagrins , ses angoisses ; jugez de ma douleur et de mon effroi... Amélie, vous vous en souvenez? déja si faible, si souffrante eût-elle pu résister à la perte de ses illusions !... non... Je n'eus plus qu'une pensée... hélas! je croyais alors que cela serait facile... j'évitai Édouard... j'affectai pour lui la froideur, l'indifférence... Étonné de mon changement il parla , me déclara ses vœux... je répondis par des refus... je m'efforçai de reporter sa tendresse sur ma sœur , je réussis... et deux mois après il était son époux.

RÉVIL , réfléchissant.

Il serait vrai ! En effet... ce que vous venez de me dire... et quelques circonstances que je ne pus m'expliquer alors... Mais comment Amélie a-t-elle su !... Édouard vous aimait... vous l'avait dit, écrit peut-être.

JENNY.

Oui... une seule fois lorsque...

RÉVIL , l'interrompant.

C'est cela... vous aurez eu l'imprudence de conserver cette lettre, et votre sœur.

JENNY.

Amélie ?... non... jamais... non... Oh ! j'en suis sûre... bien sûre...

RÉVIL.

Mais alors , encore une fois comment votre sœur a-t-elle découvert ?...

JENNY.

Je l'ignore... mais , croyez-le bien... ce que je vous ai dit est la vérité... Ah! j'avais besoin de vous ouvrir mon cœur... afin de me justifier à vos yeux, afin que vous ne me méprisiez pas.

RÉVIL.

Vous mépriser , moi !... ah ! que ne puis-je au contraire détromper Amélie, l'éclairer sur votre dévoûment.

JENNY.

Gardez-vous-en bien ! non ! les soupçons qu'elle a conçus, il n'est plus possible de les détruire tout-à-fait... ah! du moins qu'ils ne tombent que sur moi seule... moi, je ne suis pas indispensable à son bonheur... au lieu que son mari !... oh !... à tout prix, vous concevez, il faut qu'elle reste persuadée qu'il n'a jamais aimé qu'elle.

RÉVIL, ému.

Jenny!..

JENNY.

Il le faut. Vous qui êtes pour nous un père, aidez-moi... faites rentrer la paix dans cette maison... tracez-moi ma conduite; j'obéirai sans murmure... et puisse ma résignation expier tout le mal que j'aurai causé malgré moi à ma sœur.

SCÈNE XVIII.

LES MÊMES; AMÉLIE, en négligé, les cheveux en désordre, sortant de sa chambre.

AMÉLIE.

Sa sœur ! que dit-elle de moi?

RÉVIL.

Jenny, après ce que je viens d'apprendre, vous ne pouvez plus rester ici. Je vous emmène avec moi près de ma femme : dans une heure, nous partons.

JENNY, tressaillant.

Dans une heure !

AMÉLIE, à part.

Elle ne veut pas.

RÉVIL.

Hésiteriez-vous?

JENNY.

Moi? non , non ; je serai prête.

RÉVIL.

Mais d'abord, hâtez-vous de détruire toutes les traces d'une malheureuse passion, jusqu'à cet écrit dont vous me parliez.

AMÉLIE, à part.

Un écrit!..

JENNY.

Quoi! vous exigez?...

RÉVIL.

Ce que la prudence aurait dû vous conseiller plus tôt... songez donc! si votre sœur avait trouvé...

JENNY.

Oh! impossible, vous dis-je! renfermé là, dans une cassette que je garde au fond de ce secrétaire...

AMÉLIE, à part.

Là... (elle regarde le secrétaire que Dauprat a laissé ouvert après avoir écrit l'ordonnance.) ouvert!

(Elle y va.)

RÉVIL.

Du courage!... Songez que le hasard..... une distraction, l'infidélité d'un domestique...

JENNY.

J'obéirai.

RÉVIL.

J'y compte. Je vais tout préparer, et dans une heure je reviens vous prendre.

(Il sort par le fond.)

SCÈNE XIX.

AMÉLIE, JENNY.

JENNY.

La lettre d'Édouard, ma seule consolation ; n'importe, encore ce sacrifice.

AMÉLIE.

Ah! voilà, sans doute...

JENNY.

Oui.... tout pour ma sœur.... allons..... (Elle se retourne et voit Amélie qui cherche à ouvrir la cassette.) Ciel! Amélie!

AMÉLIE, la regardant avec un sang-froid affecté.

Cela t'étonne?

JENNY.

Entrée ainsi!

AMÉLIE.

J'avais mes raisons.

JENNY.

Lesquelles? et que fais-tu près de ce meuble? tu sais bien qu'il ne sert qu'à moi.

AMÉLIE.

C'est pour cela.

JENNY.

Qu'y cherches-tu donc?

AMÉLIE.

Cette cassette.

JENNY.

Elle m'appartient.

AMÉLIE.

Je le sais.

JENNY.

Tu ne l'ouvriras pas!

AMÉLIE.

Ah! tu m'en empêches!

JENNY.

Sans doute.

AMÉLIE.

Tu oses m'en empêcher!

JENNY.

Ma sœur!

AMÉLIE.

Et par quel motif?

JENNY, hésitant.

Les papiers qu'elle renferme... bien insignifiants d'ailleurs, mais où j'ai exprimé des sentiments, des pensées intimes...

AMÉLIE.

Ces sentiments sont donc bien coupables, puisque vous n'osez en faire confidence à une sœur.

JENNY.

Rends-moi...

AMÉLIE.

Vous ne répondez pas ?

JENNY.

Rends-la-moi, je t'en conjure.

AMÉLIE.

Écoute, Jenny : tout cela ne peut durer plus long-temps, il faut que nous en finissions... tu sais quel soupçon est entré dans mon esprit; (mouvement de Jenny. Amélie reprend avec force.) tu le sais! douter toujours de toi, d'une sœur ! oh! vois-tu, ça fait trop de mal; mieux vaut... (après avoir hésité.) mieux vaudrait encore te haïr. Je cherchais une preuve; le hasard me l'offre... la voilà... ici, sous mes yeux, dans ma main; je la tiens, je la garde.

JENNY.

Amélie... c'est impossible... je suis chez toi; j'y restais avec confiance; tu ne peux pas t'emparer de mes secrets.

AMÉLIE.

Pourquoi non ?... Moi aussi, j'avais mis ma confiance en toi... comment l'as-tu reconnue? Édouard m'aimait, il m'avait choisie ; je connais son cœur; bon et généreux, jamais il ne se fût détaché de moi, si tu n'avais pas...

JENNY.

Amélie!...

AMÉLIE.

Prouve-moi que je me trompe, que je t'accuse à tort...

JENNY.

Mais comment ?

AMÉLIE.

En cédant à ma prière.... Tiens, Jenny.... il me semble qu'il y a là le sort de toute ma vie... Eh bien! je te promets, je te jure que, si je n'y trouve rien qui te condamne, c'en est fait de mes soupçons; je te rends à l'instant même mon amitié, ma confiance, sans réserve, sans arrière-pensée; comme autrefois, quand nous nous aimions tant, quand nous n'avions qu'une ame, qu'une existence.... (d'un ton caressant.) hein, Jenny ?... songe!... comme autrefois!... c'était si doux! Allons, tu consens, n'est-ce pas ?... oh! oui, oui, je t'en supplie, pour le repos de ta sœur... ma Jenny, ma bonne Jenny..... tu veux bien ?

(Elle va ouvrir la cassette.)

JENNY.

Arrête !

AMÉLIE.

Encore !.... tu refuses encore !... Mais sais-tu bien ce qu'un pareil refus signifie ?

JENNY.

Ma sœur...

AMÉLIE.

Sais-tu que c'est un aveu ?

JENNY.

Ah ! cette épreuve...

AMÉLIE.

Eh bien ?...

JENNY.

Eh bien !... je n'ai rien à te répondre.

AMÉLIE.

Malheureuse !..... Et moi, qui cherchais à douter encore !... Éloigne-toi !... ta vue me fait mal... je ne sais pas de quoi elle me rendrait capable. Va-t'en, et ne te trouve jamais devant moi...... car je sens que je ne me posséderais plus... que je puis... que je puis devenir folle... je parlerais... je te déshonorerais !

JENNY, accablée.

Mon Dieu !

AMÉLIE.

Va-t'en, te dis-je... va-t'en... et quant à cette cassette... à la preuve de ta trahison qu'elle renferme... tiens... prends !... prends !... tout cela m'est odieux comme toi... (Elle repousse violemment la cassette, qui tombe et s'ouvre ; une lettre s'en échappe). Une lettre !

JENNY, s'élançant.

Ah !

AMÉLIE, qui a ramassé la lettre.

Cette écriture ?...

JENNY, essayant de s'en saisir.

Donne.

AMÉLIE, d'un ton terrible.

De mon mari !

(Elle l'ouvre.)

JENNY.

Que vas-tu faire ?

AMÉLIE, la repoussant avec force.

Laissez-moi !... laissez-moi !

JENNY, allant tomber dans un fauteuil, presque évanouie.

Je me meurs !

AMÉLIE, qui a ouvert, regardant la signature.

Édouard !.... ah ! j'en étais sûre. (Elle lit.) « Jenny, vous allez partir..... quelques heures « encore, et vous serez loin de nous. » (S'arrêtant.) Que signifie ?... (Elle regarde la date.) Cette date... deux ans. (Avec ressentiment.) Deux ans !.... au moment même où je lui confiais tous les secrets de mon cœur. (Lisant.) « Vous partez... et pour- « quoi ?... que craignez-vous encore ?.... ne « vous ai-je pas obéi ; n'ai-je pas tenu tous mes « serments ? (Mouvement de colère.) Ses serments !

« Vous m'avez défendu de vous parler d'un amour « que j'avais cru un instant vous voir parta- « ger. » Ah ! « Pardon, Jenny, je vous offense « peut-être ; mais aujourd'hui que vous m'avez « convaincu de mon erreur.... aujourd'hui que « cet amour n'existe plus, (mouvement.) que vos « efforts, vos conseils sont parvenus à l'arracher « de mon cœur... je ne puis encore m'expliquer « votre conduite et ce changement subit qui « vint tout-à-coup anéantir mon espoir. » (S'in- terrompant.) C'est étrange... que signifie !... (Con- tinuant.) « Et maintenant que vous avez été fi- « dèlement obéie..... pourquoi nous quitter ? « pourquoi refuser de jouir de votre ouvrage ? » (S'interrompant.) Que veut-il dire ? « Cette union « que vous avez si ardemment désirée va s'ac- « complir ; elle devait combler le plus cher de « vos vœux, disiez-vous, en assurant le bon- « heur, en sauvant les jours d'une sœur ado- « rée. » (Frappée d'une lueur soudaine.) Ah !... (Con- tinuant.) « Eh bien ! vous allez être satisfaite.... « demain, vos soins, vos efforts auront atteint « leur but..... Amélie sera ma femme, et nous « serons tous heureux ; oui, tous, car moi aussi « j'aime Amélie...je l'aime comme vous l'aimez, « par-dessus tout. » (S'arrêtant, vivement émue.) Ah !... ah ! Jenny !... (Lisant.) « Adieu ! adieu, « Jenny, ma sœur... Et puisque rien ne peut « vous retenir ici... puisque vous refusez de nous « dire... » (S'arrêtant.) Ah !... je devine, moi !... (Apercevant Jenny, qui vient vers elle, éplorée et sup- pliante.) Tu l'aimais encore.... ah ! comme tu as dû souffrir !

JENNY, qui est tombée à genoux.

Ma sœur, grace !...

AMÉLIE.

Grace, dis-tu ?... grace à moi !...

JENNY.

Je t'ai fait tant de mal !

AMÉLIE, la forçant à s'asseoir.

Oh ! lève-toi.... mais lève-toi donc !.... tu demandes grace, et pourquoi, Jenny ?...Oh non!.. c'est à moi... à moi de m'humilier... de te demander pardon...

JENNY.

Que dis-tu ?

AMÉLIE.

Oui... oui. Je vois à présent pourquoi ton refus, ton silence !... Oh ! supporter mes reproches, mes outrages, lorsque avec cette lettre... Non, tu n'es pas une amie, une sœur : tu es un ange !

JENNY.

Amélie.

AMÉLIE.

Pauvre sœur !.... comme j'ai été injuste et cruelle. Tu ne m'aimeras plus !...

JENNY, se jetant dans ses bras.

Oh ! toujours !... peux-tu en douter, Amélie ! ces larmes... cette douleur... ne pleure pas ainsi !

AMÉLIE.

Oh! laisse-moi, laisse-moi soulager mon cœur... répète-moi que tu oublies tout... que tu m'aimes, ma sœur!...

JENNY, l'embrassant.

Oui, ta sœur... qui t'aime comme elle t'a toujours aimée.

SCÈNE XX.

Les Mêmes, RÉVIL, DAUPRAT, ÉDOUARD, HORTENSE.

RÉVIL, en entrant par le fond.

Oui, nous partons ce soir même.

DAUPRAT, ÉDOUARD, HORTENSE, qui le suivent.

Ce soir!

AMÉLIE, se relevant.

Oh! non! je ne veux plus qu'elle parte!...

TOUS, avec surprise.

Amélie!

AMÉLIE.

Oui, moi qui étais là aux pieds de ma sœur... car je ne m'humilierai jamais assez devant elle.

TOUS.

Qu'entends-je?

RÉVIL, à part.

Quel changement!

AMÉLIE.

Ma vie serait trop peu pour payer ce que je lui dois... Si vous saviez!...

JENNY, lui mettant la main sur la bouche.

Tais-toi! tais-toi!

DAUPRAT.

Elle a raison... vous animer ainsi, en sortant d'une crise...

AMÉLIE, qui regarde sa sœur avec amour.

Oh! je me sens de la force, maintenant.

DAUPRAT.

Le fait est que vous voilà remise... C'est miraculeux... en moins d'une heure... (Avec une feinte modestie.) Je ne dis pas ça pour me vanter; la nature a tout fait.

HORTENSE, à part.

Je crois bien... on n'a rien fait de ce qu'il a ordonné.

DAUPRAT.

Il faut achever mon ouvrage... et pour ça, quelques mois en Italie.

(Musique.)

JENNY.

Oui, Amélie, oui... pars avec... (regardant Edouard.) avec mon frère.

RÉVIL.

C'est cela... et à votre retour vous trouverez Jenny mariée. (Mouvement.) Je l'ai promis à M. Gustave, qui viendra nous rejoindre auprès de ma femme. J'emmène Jenny... n'est-il pas vrai?

JENNY, allant à lui.

Partons.

RÉVIL, bas à Jenny.

Bien, bien, chère enfant!

DAUPRAT, à Révil.

Quoi! sitôt nous quitter et nous enlever Jenny...

HORTENSE, bas, lui pinçant le bras.

Taisez-vous donc!

RÉVIL.

Je vous en demande bien pardon, mes amis, mais, j'ai ma femme à revoir... la voiture nous attend... Allons, Jenny, vos adieux à votre sœur.

AMÉLIE, lui ouvrant ses bras.

Jenny!..

JENNY, s'y jetant.

Amélie!..

AMÉLIE.

Je te laisserai ma fille... toi seule en prendras soin...

JENNY.

Ah! tu en es bien sûre!...

AMÉLIE.

Et à mon retour, réunis, sans que rien nous force encore à nous quitter...

JENNY, avec expression.

Oui... je l'espère...

RÉVIL, entraînant Jenny.

Allons, allons...

AMÉLIE, s'appuyant sur son mari.

Édouard!

ÉDOUARD.

Console-toi, je te reste... et jamais je n'avais mieux apprécié ton cœur... Va, je te rendrai heureuse.

AMÉLIE, tendrement.

Tu n'as qu'à m'aimer!

(Au moment où Jenny va sortir, elle se retourne pour jeter un dernier regard sur sa sœur. Révil l'entraîne. — La toile tombe.)

FIN DE LA BELLE-SŒUR.

PARIS. — IMPRIMERIE NORMALE DE JULES DIDOT L'AINÉ,
rue 4, boulevard d'Enfer.